MACHT UND MORAL

Hans Spatzenegger (Hg.)

MACHT UND MORAL

Zur politischen Kultur unserer Gesellschaft

Universitätsverlag Anton Pustet

Dieser Band enthält die Referate und Diskussionen jenes Symposions, das unter gleichlautendem Titel am 24. und 25. Oktober 1986 im ORF-Landesstudio Salzburg stattgefunden hat. Die Drucklegung erfolgte mit dankenswerter Unterstützung durch IBM.

Herausgeber und Verlag danken der Katholischen Universität Eichstätt für die freundliche Genehmigung zum Abdruck des Referates von Univ.-Prof. Dr. Karl Graf Ballestrem.

1. Auflage 1987

Gesamtherstellung: Salzburger Druckerei
ISBN 3-7025-0245-9

Inhalt

Zum Thema

„Die Partei strebt die Macht lediglich in ihrem eigenen Interesse an. Uns ist nichts am Wohl anderer gelegen; uns interessiert einzig und allein die Macht als solche. Nicht Reichtum oder Luxus oder langes Leben oder Glück: nur Macht, reine Macht.“ (O'Brian zu Winston Smith in „1984“ von George Orwell.)

„Es läßt sich heute manchmal nicht der Eindruck abweisen, daß die Begriffe und Regeln des moralischen Lebens nur ausgekochte Gleichnisse sind, um die ein unerträglich fetter Küchendampf von Humanität wallt . . .“

„Denn man lügt heute weniger aus Schwäche als aus der Überzeugung, daß ein Mann, der das Leben meistert, lügen können muß. Man ist gewalttätig, weil die Eindringlichkeit der Gewalt nach langem ergebnislosen Reden wie eine Erlösung wirkt.“

(Ulrich in der Sitzung der Parallel-Aktion in „Der Mann ohne Eigenschaften“ von Robert Musil.)

Zitate zum Thema aus zwei Schlüsselbüchern unseres Jahrhunderts. – Aber seit jeher gehört das Spannungsverhältnis von Macht und Moral zu den existentiellen Fragen des Menschen und des menschlichen Zusammenlebens. So meinte etwa Papst Gregor I. im 6. Jahrhundert: Alle Macht ist gut. Während der Kulturhistoriker Jacob Burckhardt im vorigen Jahrhundert das gewichtige Verdikt sprach: Macht ist ihrem Wesen nach böse.

Vor 470 Jahren widmete Niccolò Machiavelli seinen revolutionären Fürstenspiegel „Il principe“ dem Prinzen von Medici, und gleichzeitig erschienen so gegensätzliche Werke wie „Utopia“ von Thomas Morus und die „Institutio principis christiani“ des Erasmus von Rotterdam.

Nicht erst seit damals standen sich in Theorie und Praxis radikale Machtpolitik und die Gerechtigkeit als höchste politische Tugend gegenüber.

Wenn eine Krise der Neuzeit droht, so ist sie eine Krise ihrer politischen Moral, diagnostizierte jüngst der Philosoph und Naturwissenschafter Carl Friedrich von Weizsäcker.

Politik ist zwar nicht einfach auf Umgang mit der Macht, auf Machthandeln reduzierbar, aber das Verfügen über Macht gehört zu den Voraussetzungen politischen Wollens: als die Fähigkeit, sozial etwas durchzusetzen. Bertrand Russel verglich die Funktion der Macht als bewegende Kraft der Geschichte mit der Energie in der Physik. Und mit Hannah Arendt gesprochen, ist Macht (im Gegensatz zur Gewalt) die notwendige Bedingung aller sozialen und politischen Ordnungen und insofern weder gut noch böse.

Die moralischen Grundsätze, die das zwischenmenschliche Handeln allgemeinverbindlich regeln, sollten einerseits möglichst breite Zustimmung erfahren, andererseits doch auch über eine gewisse Autonomie verfügen, um nicht als Rechtfertigungsfloskeln der Mächtigen beliebig manipulierbar zu sein.

Nicht das Leugnen oder gar Abschaffen der Macht erscheint realistisch, vielmehr geht es um die Kontrolle ihrer Ausübung und die (Ein-)Übung dessen, was der – heute nicht sehr gefragte – Begriff Verantwortung meint. Denn selbst die ethischen Entscheidungen mit gesellschaftlichen Folgen fällt letztlich der einzelne und nicht „das System". Allerdings scheint die Gefahr weiter zuzunehmen, daß nicht der Mensch die Macht, „sondern die Macht ihn regiert" – so warnte schon Romano Guardini nach den Erfahrungen des NS-Regimes und angesichts der Atombombe in den vierziger Jahren. (Inzwischen ist sogar die „friedliche" Nutzung der Atomenergie nur mehr eine sogenannte friedliche). Zwar geschieht die Machtausübung in der Demokratie kontrollierter, weil die Erfahrung, daß ihr Mißbrauch zum Entzug der Macht führen kann, immer noch den wirksamsten Schutz der Freiheit darstellt. Aber schon die kleinen Versuche, „es sich zu richten", infizieren die politische Kultur eines Landes. Machtmißbrauch beginnt bereits dort, wo scheinbar unverrückbare Maßnahmen Verbesserungsmöglichkeiten ausschließen, wo Rechthaberei statt Offenheit vorherrscht. Unsere heutige Sozialverfassung geht nämlich dahin, Macht nicht mehr autokratisch, sondern dialogisch zu begründen und zu bilden. Kompromisse sind deshalb nicht von vornherein „faul", und geregelt ausgetragene Konflikte sind nicht unbedingt „des Teufels".

Der politischen Moral – Teil des notwendigen Selbstbewußtseins einer Gesellschaft – dient es auf die Dauer nicht, wenn man sich, besonders bei der Bewältigung von Skandalen, alles von Gesetzen erwartet. Erzwingbar sind bekanntlich nur äußere Haltungen, und Gesetze lassen immer „Schlupflöcher" offen. Kritisches Bedenken einer tradierten Norm ist nicht gleich als Niedergang der Moral zu beklagen, sondern vielleicht *sogar als Voraussetzung ihrer mündigeren Ausübung zu verstehen. Die Moral einer Handlung zu beurteilen, bedeutet allerdings gleichzeitig eine Selbstbindung: Wer Wasser predigt, soll nicht Wein trinken.*

Nicht Moralismus ist gefragt. Doch ohne moralische Positionslichter wäre Politik (in Abwandlung eines Wortes von Polybios) „wie ein Gesicht ohne Augen" – nämlich zum Fürchten.

Hans Spatzenegger

Zum Symposion „Macht und Moral“

Die Idee, zu „Macht und Moral“ und damit zur politischen Kultur unserer Gesellschaft ein Symposion zu veranstalten, entstand in einem Gespräch mit Dr. Arno Gasteiger vor rund zweieinhalb Jahren, als dieser noch Redakteur hier im Haus und ich noch nicht Intendant war. Kurz danach wurde Dr. Gasteiger zum Landesrat berufen und ich zum Intendanten dieses Landesstudios bestellt. Seither haben wir persönlich noch intensiver erfahren können, welcher moralischen Verantwortung die Ausübung einer ideellen und materiellen Machtfunktion laufend ausgesetzt ist. Diese Erfahrungen bestätigen für mich die Notwendigkeit eines solchen Symposions.

Mit größtem Respekt danke ich Ihnen, sehr geehrter Herr Altbundespräsident Dr. Rudolf Kirchschläger, für Ihre Zusage, das Eröffnungsreferat zu halten. Sie haben während Ihrer Amtszeit bewiesen, daß es so etwas wie politische Kultur geben kann und sich Macht und Moral nicht gegenseitig ausschließen.

Ich danke dem Herrn Landeshauptmann von Salzburg, Dr. Wilfried Haslauer, für seine Bereitschaft, in der schon zur Tradition gewordenen Zusammenarbeit dieses Symposion als Mitveranstalter durchzuführen. Es ist sicher keine Selbstverständlichkeit, wenn ein Bundesland den Mut besitzt, das Thema der Macht und der Moral in einer öffentlichen Veranstaltung zu diskutieren. Das ist für mich auch ein Ausdruck politischer Kultur.

Mein Dank gilt auch der Firma IBM, welche es finanziell ermöglichte, daß diese Veranstaltung auch in Buchform festgehalten werden kann. Dem Multi IBM wird auf Grund seiner Größe und Finanzkraft vielfach Macht zugeschrieben, wobei aber IBM weiß, daß ein anhaltender unternehmerischer Erfolg untrennbar mit Grundsätzen der Fairneß und der Moral verbunden ist.

Wenn zwei sogenannte Machtträger, wie es eine Landesregierung und ein öffentlich-rechtliches Medienunternehmen zweifelsohne sind, einladen, über Macht und Moral zu diskutieren, kann das entweder der gewohnte Berufszynismus sein oder aber ein aufrichtiges Verantwortungsbewußtsein. Da mir persönlich dieses Thema zu ernst ist, um es zynisch zu betrachten, nehme ich in Anspruch, daß unsere Intentionen durch Verantwortung getragen wurden.

Wenn man eine Machtposition besitzt, dann soll man sich dazu bekennen und versuchen, diese Macht so auszuüben, um hohen moralischen Ansprüchen gerecht zu werden; nicht nur verbal bei Eröffnungsreden, sondern tagtäglich bei jeder großen und kleinen Entscheidung.

Betrachtet man kritisch die politische und mediale Landschaft Österreichs der letzten Jahre, sind Zweifel an der politischen Kultur unserer Gesellschaft berechtigt. Zu viele Ereignisse beweisen den sorglosen Umgang der Mächtigen mit der Moral. Sicher kann man nicht von einem katastrophalen Zustand sprechen, jedoch von einem Virus der Unanständigkeit und Unaufrichtigkeit, der in verschiedenen Kraftfeldern der Macht grassiert und zu einem Klima des Mißtrauens geführt hat. Dieses Mißtrauen hat gerade innerhalb meiner Generation zu einer erschreckenden Interesselosigkeit am politischen Geschehen geführt. Einen Zustand des Vertrauens herzustellen und zu sichern, müßte vornehmste Aufgabe aller Funktionsträger der Macht sein.

Die wichtigste Voraussetzung dafür liegt für mich im Abbau der Angst. Die Mächtigen haben Angst, ihre Macht zu verlieren, die Untertanen haben Angst vor den Mächtigen. Der in Österreich so beliebte Vorausgehorsam spielt dabei eine wichtige Rolle. Wenn es den Mächtigen in allen Bereichen des öffentlichen Lebens gelingt, beizutragen, daß diese Angst abgebaut wird und den angeblich Machtlosen ihre Mitgestaltungskraft bewußt wird, kann es zu einem Klima des gegenseitigen Vertrauens und der Achtung der berechtigten Interessen des einzelnen kommen.

Für das Verhältnis zwischen Medien und Politik gilt ähnliches. Wenn die Medien als eine ihrer Hauptaufgaben die Kontrolle der Politik betrachten müssen und die Politik noch immer der Versuchung unterliegt, die Medien zu kontrollieren, funktioniert dieses Wechselspiel auch nur aus Angst, bei einer unmoralischen Handlung ertappt zu werden. Es sollte doch möglich sein, diese derzeit leider notwendigen Kontrollmechanismen zugunsten einer Selbstkontrolle von innen her abzubauen. Ich gebe zu, daß diese Forderung idealistisch ist und es wichtigere moralische Konfliktbereinigungen gibt, jedoch sollte dieser Anspruch eine selbstverständliche Zielsetzung sein.

Eine Allianz der Mutigen und Aufrechten, die ihre Machtposition selbstkritisch und verantwortungsbewußt ausüben, kann durch ihre Vorbildfunktion zur Verbesserung der politischen Kultur beitragen.

Es wäre erfreulich, wenn dieses Symposion auch dazu einige Denkanstöße liefern könnte.

Friedrich Urban
Intendant des Landesstudios Salzburg

Macht und Moral

Rudolf Kirchschläger

Unsere Zeit, die ich – dies sei betont – keineswegs als die schlechteste aller Zeiten ansehe, trägt *einen* Mangel unbestreitbar in sich: Es ist die zunehmende Oberflächlichkeit, hervorgerufen durch die übergroße Flut von Informationen, die auf die Menschen einstürmen, und hervorgerufen auch durch die Zeitnot, in der sich viele Menschen befinden oder in die sie sich in großer Geschäftigkeit hineinmanövrieren. Daß als Konsequenz der Oberflächlichkeit auch die Manipulierbarkeit wächst, bis schließlich im Extremfall nur mehr Schlagworte das Denken beherrschen, ist eine bittere Erfahrung, von der auch oder gerade Demokratien in einem besonderen Maß heimgesucht werden.

In einer solchen Zeit sind Anlässe sehr wertvoll, die zum Nachdenken über grundsätzliche Fragen des zwischenmenschlichen Zusammenlebens zwingen und im Gespräch auch eine Überprüfung der eigenen Gedanken ermöglichen. Dies gilt besonders, wenn Themen von so plakativer Leuchtkraft wie Macht oder Moral oder deren Beziehung zueinander behandelt werden, die in ihrer Interpretation in letzter Konsequenz auch eine Antwort nach dem persönlichen Lebensstil und vielleicht sogar nach dem Lebenszweck mit einschließen.

Ich bin daher sehr dankbar für dieses Symposion und freue mich darüber, daß es in zeitlicher Verbundenheit mit dem österreichischen Nationalfeiertag stattfindet. Wir haben zwar schon von Beginn an bewußt von Machtdemonstrationen des Staates aus Anlaß des Nationalfeiertages abgesehen, wir wollen und dürfen diesen Tag aber auch nicht völlig herabniedlichen und ihn *nur* mehr zu einem arbeits- und schulfreien Tag machen. Die Volksweisheit, daß man am Festefeiern den Menschen erkenne, hat viel für sich. Wenn wir zum Nationalfeiertag daher über das Wirksamwerden oder über den Verlust der Moral in den verschiedenen Machtgefügen des Staates und der Gesellschaft nachdenken und dabei nicht ausschließlich den Blick auf die jeweils anderen richten, tun wir gute Arbeit für Staat und Volk und damit auch für uns selbst.

Das Thema dieses Symposions verleitet an sich zu einer vorschnellen Reaktion: Wir sind versucht, „Macht und Moral" als ein Begriffspaar des offenen Gegensatzes anzusehen, fast so wie „gut und böse". Zu sehr trägt teils aus der Zeit jugendlicher Freude am Widerspruch, teils unter dem Einfluß gezielter Autoritätsablehnung, teils aber auch auf Grund eigener bitterer Geschichts- und Lebenserfahrung der Begriff der Macht entweder eine Gleichsetzung mit Willkür und Ungerechtigkeit oder doch zumindest ein Hinschillern zu diesem Negativbild an sich.

Dazu kommt, daß in den europäischen parlamentarischen Demokratien für viele Menschen das Kriterium der Legitimation zur Ausübung der Macht völlig verlorengegangen zu sein scheint. Für sie ist es nicht mehr von Interesse, ob der Machtträger seine Machtausübung auf ein demokratisch erteiltes Mandat stützt oder nicht. Sie beurteilen den Machtträger allein nach der Frage, ob er ihren Willen erfüllt und ihren Vorstellungen gemäß redet. So wird, wer Macht besitzt und diese auch ausübt, in den europäischen Demokratien zumindest mit einem gewissen Vorbehalt beobachtet. Dabei entsteht das eigenartige Phänomen, daß in den diktatorischen Staaten es eines sehr großen Mutes bedarf, den Machthabern zu widersprechen, in unseren Ländern aber oft viel Zivilcourage notwendig ist, sich öffentlich oder im Freundeskreis angesichts der kritischen öffentlichen Meinung *für* einen Machtträger, also *für* eine Regierung oder eine Regierungsmaßnahme auszusprechen. Daß die Vorbehalte gegen die Machtträger in einem Teil der Bevölkerung Hand in Hand mit dem Wunsch nach einem „starken Mann“ gehen, ist ein zusätzliches Paradoxon.

Vielleicht ist in diesem Zusammenhang der Vollständigkeit halber anzumerken, daß in den USA in den letzten zehn Jahren eine gegenteilige Entwicklung zu verzeichnen ist. Dort wird nach den Demütigungen des verlorenen Vietnamkrieges, der Besetzung der US-Botschaft in Teheran, nach der Zuschauerrolle bei der Besetzung Afghanistans und nach den äußeren Umständen der SALT-II-Unterzeichnung der Besitz der Macht und die handfeste Ausübung der Macht durch den Präsidenten von einer großen Mehrheit des Volkes geschätzt und begrüßt.

Die Einstellung des einzelnen Menschen zur Macht scheint sich daher weniger an einer Antwort über eine Grundsatzfrage zu orientieren, sondern danach, *wer* Macht ausübt, unter welchen Umständen Macht ausgeübt wird und *wie* die Machtausübung erfolgt. Diese Beurteilungskomponenten der Macht sind zu variabel und wechselnd beeinflußbar, als daß sie als Antwort auf die Frage, ob Macht und Moral ihrer Natur nach ein gegensätzliches Begriffspaar seien, hingenommen werden könnten.

In der Einladung zu diesem Symposion ist auf Jacob Burckhardt Bezug genommen. Ich schätze die Arbeiten von Jacob Burckhardt. Aber wenn er in seinen nach seinem Tod veröffentlichten „Weltgeschichtlichen Betrachtungen“ meint, daß die Macht an sich böse sei, gleichviel, wer sie ausübe, so kann ich diese Meinung deswegen nicht teilen, weil die Begründung auf einer unrichtigen Einschätzung des Menschen beruht. Burckhardt hält die Macht für böse, weil sie ihrem Wesen nach keinen Zustand des Beharrens, sondern eine Gier darstelle, die ihrer Natur nach unerfüllbar sei. Aus dieser Unerfüllbarkeit der Gier sei sie in sich unglücklich und müsse daher auch andere unglücklich machen. Burckhardts Schlußfolgerung ist richtig für jene Menschen, für die die Machtausübung tatsächlich zur Gier, also zum unstillbaren Verlangen nach immer mehr Macht wird. Diese Versuchung mag für viele bestehen, aber auch der erfolgreiche Widerstand gegen diese Versuchung – angefangen vom biblischen Beispiel der Versuchung Jesu – ist möglich. Und für alle, die der Versuchung widerstanden, und für jene weniger zahlreichen, die nie versucht wurden, ist der Gedankengang Burckhardts nicht anwendbar.

Lassen Sie mich Jacob Burckhardt Johannes Meßner gegenüberstellen. Ich habe mich noch zu seinen Lebzeiten aus Anlaß seines 90. Geburtstages in meiner damaligen Aufgabe als Bundespräsident zu diesem von großer Geistigkeit durchdrungenen Wissenschafter, der ein ebenso großer Mensch und Priester war, bekannt. Johannes Meßner kommt in seinem Handbuch der Gesellschaftsethik, Staatsethik und Wirtschaftsethik, das er mit dem Titel „Naturrecht" überschreibt, zu der Feststellung: „Die Macht ist dem Staate eigen: 1. als Rechtsverband und Träger der mit der Erzwingbarkeit des Rechts verbundenen physischen Gewalt; Machtverband zu sein liegt in seiner Natur; 2. als Selbstschutzverband zur Sicherung des äußeren Friedens der Gemeinschaft gegenüber Angreifern. Die Verwirklichung dieser Selbstschutzfunktion kann mit dem Fortschritt der Kultur durch das internationale Zusammenwirken erfolgen, sie bedarf aber unter allen Umständen angemessener Macht zu ihrer Erfüllung. Aus beiden Gründen folgt, daß die Macht nicht nur ein Wesensbestandteil, sondern auch ein *hohes Gut* des *Staates* ist, nämlich Teil seines Gemeinwohls."

Dieser Feststellung Meßners, die ja auch mit der Wirklichkeit übereinstimmt, folge ich in vollem Umfange. Macht ist ein unverzichtbares, weil wesentliches Element in der Gestaltung des organisierten Zusammenlebens von Menschen und damit ein Grunderfordernis des Staates.

Diese Aussage ist jedoch kein Freibrief für die Macht und für jene, denen Macht übertragen ist, um diese auszuüben. Im Anschluß an die oben gemachte Feststellung nämlich sagt Meßner: „Damit ist aber Sinngebung und Stellung der Macht des Staates durch den Zweck bestimmt, in dem der Staat selbst seinen Wesensursprung und Wesenssinn findet. Die staatliche Macht und ihre Anwendung empfangen daher ihre sittliche Rechtfertigung, aber auch ihre sittliche Beschränkung durch den wesenhaften Zweck des Staates."

Mit diesem Hinweis auf die sittliche Rechtfertigung und sittliche Beschränkung der Macht ist aber nunmehr auch die Brücke zu dem zweiten Element jenes Begriffspaares gegeben, unter das dieses Symposion gestellt ist, zur *Moral*.

Ich versuchte bisher darzulegen, daß Macht und Moral kein Begriffspaar des offenen Gegensatzes sind und in keinem inhärenten Gegensatz zueinander stehen. Im Gegenteil, zwischen ihnen besteht eine sehr intensive Beziehung. Meßner hat diese Beziehung damit umschrieben, daß er die *sittliche* Rechtfertigung und die sittliche Beschränkung der Macht in ein direktes Verhältnis zum Staatszweck setzte. Ich möchte ergänzend hiezu auch die *rechtliche* Rechtfertigung und die rechtliche Begrenzung der Macht durch die Rechtsnormen der Verfassung und der übrigen Stufen der Rechtsordnung, eingeschlossen die Normen des Völkerrechts, nicht geringschätzen. Ich halte die rechtliche Fundierung der Macht und die rechtliche Kontrolle der Machtausübung für essentiell und als unabdingbar für eine geordnete, also nicht willkürliche Machtausübung. Selbst Machiavelli hat bereits darauf hingewiesen, daß die Fürsten in dem Augenblick beginnen, den Staat zu verlieren, in dem sie anfangen, die Gesetze zu brechen.

Vergangene Zeitabschnitte haben es gezeigt, und unsere Zeit zeigt es weiter, daß die Berufung auf die sittliche Rechtfertigung der Macht und auch die Schranken einer vom Prinzip der Rechtsstaatlichkeit durchdrungenen Rechtsordnung allein noch nicht ausreichen, um der Macht an sich und der Ausübung der Macht jene Qualifikation zu geben, die ihr eigen sein muß, damit sie tatsächlich ein „hohes Gut des Staates" werde. Diese Qualifikation kann wohl nur dann erreicht werden, wenn zusätzlich zur objektiven sittlichen Begründung und Begrenzung der Macht und zusätzlich zur Übereinstimmung von Machtinnehabung und Machtausübung mit der Rechtsordnung die Macht sich in der die Macht besitzenden und die Macht ausübenden Person mit der Moral zu einer personalen Einheit vereint. Das Postulat, daß es keine von der persönlichen Ethik verschiedene politische Ethik geben darf, sondern auch der politisch agierende Mensch von nur *einer* Ethik erfüllt und geleitet sein muß, gilt voll und ganz auch und besonders für den Machtbesitz.

So wie die Macht an sich immer wieder – ich verwende erneut Worte von Johannes Meßner – „vor das Forum des Geistes gestellt" ist und sich willig oder widerwillig zur Rechenschaft verpflichtet sieht, so muß sich auch der einzelne Mensch als Machtträger vor das Forum seines Gewissens gestellt wissen, um diesem Rechenschaft über seine Handhabung der Macht zu geben.

Es wäre aber wohl zu bequem, würden wir uns dabei, einer gängigen Tendenz folgend, mit einem Gewissen zufriedengeben, das lediglich eine subjektive persönliche Überzeugung als Grundlage hat. Das Gewissen, das hier gemeint ist, ist im Sinne der Pastoralkonstitution des II. Vatikanischen Konzils jenes innere Gesetz, das sich der Mensch nicht selbst gibt, sondern dem er gehorchen muß; es ist „ein Gesetz, das von Gott seinem

Herzen eingeschrieben ist und dem zu gehorchen eben seine Würde ist". Jene aber, denen die Gnade des Glaubens nicht gegeben ist, mögen an die Stelle von Gott die Vorstellung eines sinnerfüllten Naturgesetzes setzen. Denn so schwer es auch ist, den Begriff der Moral gültig zu definieren, so ist man doch versucht zu sagen, daß sie die Summe aller Lebensmaximen ist, die für Menschen ein der Würde des Menschen angemessenes Sein in Gemeinschaft mit anderen Menschen ermöglichen. Sie findet ihren Niederschlag in jenem in das Innere eines Menschen eingeschriebenen, unabänderlichen Gesetz, von dem Johann Jakob Engel vor 200 Jahren in seiner Vorrede zum „Fürstenspiegel" sagte, daß dieses Gesetz, also die Moral, für alle Menschen nur eine sei. „Eben die Wahrheiten, die der Sklave Epiktet sich entwickelte, waren auch brauchbar für einen Statthalter und einen Kaiser, für Arion und Mark Aurel." Die Namen und die Funktionsbezeichnungen dieses Zitats sind unschwer auf den heutigen Stand zu bringen. Im übrigen gilt noch immer: Das Wort Moral hat auch heute keine Pluralform!

Ich habe die Aufgabe des Eröffnungsreferates darin gesehen, entgegen einer vielfachen grundsätzlichen Verneinung der Macht die Notwendigkeit der Macht und ihrer Ausübung darzustellen. Ich habe dabei aus zeitökonomischen Gründen eine Beschreibung der zum Chaos und zur Rechtlosigkeit führenden Konsequenzen unterlassen, die dann eintreten, wenn Machtträger – aus Angst, aus Popularitätssucht oder aus Schwäche – die ihnen zustehende und auferlegte Macht nicht auszuüben bereit oder in der Lage sind. Schließlich habe ich in diesem Zusammenhang auch keine Zeit für die Aufzählung von Beispielen des Machtmißbrauches in Geschichte oder Gegenwart verwendet. Sie sind im übrigen auf Grund der, wie man uns glaubhaft macht, nach schlechten Neuigkeiten hungrigen öffentlichen Meinung mehr bekannt als die Beispiele der von moralischer Verantwortung getragenen, sittlich und rechtlich gerechtfertigten Machtausübung, die es in reichem Maße auch gibt.

Näher lag für das Eröffnungsreferat vielleicht die Frage, ob ein Symposion, ob Referate und Bücher über Macht und Moral und über das Verhältnis der beiden zueinander in irgendeiner Weise geeignet sind, die Gegenwart oder die Zukunft wirklich zu beeinflussen. Äußert sich Macht nicht nach ihrem eigenen Gesetz, und sind Hinweise auf ein moralisches Postulat nicht allzuleicht mit billigen Schlagworten lächerlich gemacht? Es ist ja noch nicht so lange her, daß alle, die nach einer heileren oder gar nach einer heilen Welt Ausschau hielten und sie in ihrem Wirkungsbereich – und wäre es auch nur die Familie – zu verwirklichen suchten, als hoffnungslos veraltet und realitätsfremd abgetan wurden. Nicht das Wohlergehen des DU sei die Lebensentscheidung, sondern die Selbstverwirklichung des ICH, und diese verlange Kampf und Auseinandersetzung.

Ich zähle mich zu jenen, die an den tiefgegründeten Wert der menschlichen Person und damit an das Gute im Menschen glauben. Schon das Österreichische Allgemeine Bürgerliche Gesetzbuch aus dem Jahre 1811, heute noch in Kraft, spricht in seinem § 16 von den jedem Menschen angeborenen, schon durch die Vernunft einleuchtenden Rechten. Für jene, für welche das religiöse Gebot kein gangbarer Weg ist, müssen – so glaube ich – diese angeborenen, schon durch die Vernunft einleuchtenden Rechte die Kraft vermitteln, auf die Versittlichung der Macht zu drängen. Gewiß – und ich folge erneut Johannes Meßner – „ist dies ein langsamer Prozeß, verbunden mit schweren Rückschlägen, aber ebenso ein Prozeß ständiger Entwicklung in der Richtung auf eine zunehmende Verwirklichung der in der sittlichen Würde des Menschen begründeten Ideale der individuellen Freiheit und der sozialen Gleichheit. . . . Das Bestreben nach Bändigung des vom Staat unzertrennlichen Machtelements liegt daher nicht weniger in der Wirklichkeit des Staates als dieses Machtelement selbst".

So gesehen liegen Zweck und Aufgabe dieses Symposions weniger in der Überzeugungskraft des gesprochenen Wortes für die Machtträger, sondern mehr in der Stärkung des Bewußtseins des einzelnen Menschen, ein unanfechtbares Recht dafür zu besitzen, die Machtträger mit allen gesetzlichen und sittlich zulässigen Mitteln immer wieder an die notwendige Einheit von Macht, Recht und Moral, das heißt an die sittliche Machtausübung zu erinnern.

Wir müssen bei diesem Anlaß aber wohl auch ganz eindeutig klarstellen, daß die Grundsätze der Moral nicht nur für die Machtträger, also insbesondere für die Politiker und staatlichen Funktionäre, ihre Gültigkeit besitzen, sondern für alle Teile eines Volkes. Allzuleicht sind wir ja versucht, die moralischen Defekte bei den politischen Machtträgern zu suchen und auch zu finden, den sittlichen Gesamtzustand eines Volkes aber geflissentlich zu übersehen. Ich habe das Beispiel vom Trockenlegen der Sümpfe und der sauren Wiesen vor einigen Jahren deswegen gebraucht, weil ich damit zum Ausdruck bringen wollte, daß „Sumpfblüten" in Sümpfen und sauren Wiesen nicht auffallen und wir daher einen Untergrund schaffen müssen, von dem die schillernde Sumpfblüte sich auch für das nicht geschulte Auge gut und deutlich erkennbar abhebt – oder eingeht. Ich zögere etwas, daran zu glauben, daß wir uns diesen Untergrund bereits geschaffen haben. Aber ich bin vor allem auf Grund von Worten und Taten junger Menschen doch zuversichtlich, daß wir am Wege sind.

Ich habe mich bei den vorangehenden Überlegungen über Macht und Machtausübung im wesentlichen auf die innerhalb eines Staates vom öffentlichen Machtträger innegehabte oder ausgeübte Macht beschränkt. Dies ist eine Konsequenz meiner Berufs- und Lebenserfahrung. Es scheint mir allerdings, daß die Parallelen zu anderen Machtträgern in der Wirtschaft, im Medienbereich, ja selbst auf dem Kultursektor und auf dem Sachgebiet von Schule und Erziehung sehr groß sind.

Allen aber, denen auf welcher Ebene immer politische Entscheidungsmacht und damit auch Entscheidungspflicht gegeben ist, sei ein Wort des ehemaligen britischen Schatzkanzlers, des großen vorerst konservativen und später liberalen Staatsmannes William Ewart Gladstone, in Erinnerung gerufen, welcher im vorigen Jahrhundert sagte: „Was moralisch falsch ist, kann gar nicht politisch richtig sein!" Möge diese wahre Aussage auch bei uns ein Grundsatz für die staatspolitische und parteipolitische Machtausübung sein!

Eröffnungsdiskussion

zwischen
Viktor Hermann, Rudolf Kirchschläger, Willibald Sauberer, Stefan Wehowsky

Leitung: Hans Spatzenegger

SPATZENEGGER: Der Name Niccolò Machiavelli kann bei einer derartigen Thematik nicht ausbleiben, denn Machiavelli dürfte einer der wenigen Politiker sein, die in ihrer Pension – was Macht und Moral betrifft – mehr angerichtet haben als in ihrer aktiven Laufbahn. In seiner Zwangspensionierung auf dem Gut in Sant'Andraea hat er bekanntlich jenes Buch geschrieben, das später den Titel „Il principe" erhielt, jenen Fürstenspiegel also, aus dem sich so manche Machthaber einzelne Stellen ausgesucht haben, die sie dann als politische Leitlinien gebraucht und mißbraucht haben. Sie, Herr Dr. Kirchschläger, haben uns bei Ihrem ersten Auftreten in Österreich – als Pensionist – einen durchaus positiven Wegzeiger gesetzt für diese Tagung und, ich hoffe auch, für die Zukunft unseres Landes.

HERMANN: Herr Dr. Kirchschläger hat Meßner zitiert: „Macht als Voraussetzung". Voraussetzung für die Verhinderung von Machtmißbrauch ist Kontrolle. Sieht man sich die Praxis in den meisten parlamentarischen Demokratien aber an, dann ist es doch so, daß die erste Kontrolle der Regierungsmacht, nämlich das Parlament, schon degeneriert ist zur Absegnungshalle für Regierungsbeschlüsse. Oder wenn wie in Österreich das größte Medium, das es in einem Land gibt, ständig durchzogen wird von parteipolitischen Intrigen, Streitereien, Querelen und von außen her versucht wird, hineinzuregieren – wie kann dann Kontrolle noch effektiv sein?

KIRCHSCHLÄGER: Die parlamentarische Kontrolle ist, so glaube ich, ein für eine Demokratie absolut notwendiger Teil der Kontrolle. Aber sie hat für sich allein noch nie und nirgends ausgereicht, Machtmißbrauch von vornherein zu verhindern. Eine wirkliche Garantie könnte wohl nur die Auswahl jener Machtträger bringen, die, wie ich anzuregen versucht habe, in sich die personale Einheit von Macht und Moral verkörpern. Die Ganzheit der Persönlichkeit müßte so gestaltet sein, daß die Macht eben nur in einer sittlich vertretbaren Weise ausgeübt wird. Nun kann man das in der Praxis naturgemäß nicht antreffen. Aber ich glaube, daß es eben gerade hier des Bewußtseins der Bevölkerung, der Menschen bedarf, eine strenge sittliche Kontrolle an die Machtträger, ob jetzt in der Regierung oder in den Medien, als Maßstab anzulegen; nicht nur im Rundfunk, denn es wird ein gerüttelt Maß an Macht auch von Zeitungen ausgeübt, und in der Wirtschaft, im Erziehungsbereich und an den Universitäten ist es wohl ebenso. Die sittliche Orientierung der Macht wird nur dann auf jeder Ebene wirksamer werden, wenn sie auch tatsächlich auf jeder Ebene eingefordert wird. Wir können uns sittliche Machtausübung nicht nur auf der politischen Ebene, nur auf der Medienebene, nur auf der Wirtschaftsebene, nur auf der Universitätsebene usw. vorstellen, sondern es müssen die Bemühungen um eine Einheit zwischen Macht und Moral, zwischen persönlicher Ethik und berufsmäßigem Handeln alle Bereiche umfassen. Das aber ist ein mühseliger Prozeß, der zudem so lange erfolglos bleiben muß, solange wir nicht wieder beginnen, mit Liebe und mit Zeit unsere Kinder zu erziehen. Wenn wir auf die Selbsterziehung allein warten, wird der Erfolg noch lange ausbleiben.

SAUBERER: Ein kleiner, privater Test hat es bestätigt: Wer mit dem Thema „Macht und Moral" konfrontiert wird, denkt unwillkürlich an die Politiker. Macht besitzen aber auch die Bürokratie, die Technokratie, die Intellektuellen mit ihren klammheimlichen Freuden, die Religionsgemeinschaften, die Medien, die Syndikate der Arbeitgeber und Arbeitnehmer – und immer noch das Geld. Und deren Umgang mit der Macht ist nicht weniger zimperlich, und alle diese sind keiner, zumindest keiner vergleichbaren Kontrolle unterworfen.

„Eine der schmerzlichsten Erfahrungen, die der Menschenfreund täglich machen kann, ist die ruhige Gewöhnung des Bürgers an den Mißbrauch der Macht." Dieses Wort stammt aus dem 68er Jahr, aber nicht 1900, sondern 1800. Karl Ferdinand Gutzkow schrieb es, ich habe nur ein Wort dem Sprachgebrauch unseres Jahrhunderts angepaßt – unseres Jahrhunderts, das einen schrecklichen Schritt weiter gegangen ist; in dem Korruption und Skandal als negative Entscheidungshilfen ausgespielt haben, weil der Bürger von der Politik ohnehin nichts anderes erwartet und geradezu Mitleid mit jenen empfindet, die das Pech hatten, ertappt zu werden.

Dr. Kirchschläger hat darauf hingewiesen, daß das Wort Moral auch heute keine Pluralform kennt. Trotzdem ist die Beziehung zwischen Moral bzw. Unmoral und Macht vielschichtig: Unmoral zugunsten der eigenen Person und Familie, vom ius primae noctis bis zum Griff in die Gewerkschaftskasse, Unmoral zugunsten der eigenen Gruppe, von der Postenbesetzung bis zur Subventionsvergabe, Unmoral zu Lasten einiger, etwa durch Unterdrückung von ethnischen, rassischen oder religiösen Minderheiten, Unmoral zu Lasten aller durch Totalitarismus und Diktatur.

Die Frage nach der Beziehung zwischen Macht und Moral ist die Frage nach der Moral der Macht. Wir hinterfragen die Herkunft der Macht und die Moralität ihrer Ausübung. Bedauerlicherweise garantiert die legitime Herkunft der Macht noch nicht ihre moralische Ausübung. Beispiele auf nationaler und internationaler Ebene gibt es reichlich, vom Hundert-Millionen-Ding bis Lockhead, von Watergate bis WBO. Ist die Macht in der Diktatur schon zu ihrer Erhaltung zwangsläufig böse, so ist sie in der Demokratie nicht zwangsläufig gut. Eine absolute Mehrheit, die bei 50,1 Prozent beginnt, rechtfertigt beispielsweise keine absolute Machtausübung.

Josef Klaus, Politiker und Intellektueller, sechs Jahre österreichischer Bundeskanzler, davon vier Jahre mit einer absoluten Parlamentsmehrheit hinter sich, erinnerte sich elf Jahre nach seinem Ausscheiden aus der aktiven Politik: „Im Spiel der Mächtigen ist der Verantwortung die Rolle des Aschenbrödels zugeteilt: Sie wird . . . hin- und her- und auf- und abgeschoben . . ."

Im selben Vortrag stellte Klaus, der nicht nur von seinesgleichen, sondern auch im Volk als Moralist belächelt wurde, eine Orientierungstafel auf, die auch das heutige Eröffnungsreferat bestimmte – das Gewissen. Aber wären Macht und Moral auf den Punkt eines intakten Gewissens zu bringen, bräuchten wir uns hier keine klugen Sätze vorzuschwätzen.

Es gibt das weite Gewissen, dem die Dynamik innewohnt, daß die Bagatellgrenze immer höher rutscht. Es gibt das betäubte Gewissen – man handle ja nicht für sich, sondern bloß für die eigene Gruppe, also für eine gute Sache. Es gibt das partielle Gewissen nach dem Wort Joseph Jouberts: „Manche haben die Moral nur stückweise, wie einen Stoff, aus dem sie kein Kleid machen können." Und es gibt schlicht die Gewissenlosigkeit, es gab sie zu allen Zeiten, allerorten, in allen Schichten, daher auch bei den Mächtigen, und wiederum meine ich nicht nur die Politiker. Bei den Mächtigen aber genügt schon der Durchschnittsprozentsatz zur Katastrophe.

Diese Überlegung führt mich, nachdem ich mit dem Titel des Symposions begonnen habe, zum Untertitel: „Zur politischen Kultur unserer Gesellschaft": So sieht sie aus!

WEHOWSKY: Daß Moral keinen Plural kennt, wie Dr. Kirchschläger betont hat, das leuchtet ein; denn wenn *ein* Prinzip richtig ist, dann kann nicht ein anderes Prinzip, das etwas anderes zum selben Sachverhalt sagt, ebenfalls richtig sein. Trotzdem stellt sich die Frage, ob nicht die Größenordnung der Machtausübung, namentlich in der Politik, aber auch in der Wirtschaft, die Folgen des Handelns in Dimensionen bringt, die sittlich gar nicht mehr verantwortet werden *können*. Sittlichkeit erfordert ja, daß ich die Folgen meines Handelns abschätzen und in dieser Weise auch verantwortlich gemacht werden kann. Wenn es z. B. in Mitteleuropa einen schweren Unfall in einem Kernkraftwerk geben würde, dann wären Millionen Menschen davon betroffen; oder die militärischen Konsequenzen des Ost-West-Gegensatzes erlangen Größenordnungen, die weit über das hinausgehen, was ein einzelner Mensch verantworten kann. Wollte jemand in seinem Privatleben Vergleichbares auf sich nehmen, würde er als verrückt eingestuft. Wenn ich zum Beispiel sagen würde, ich muß meine Freiheit dadurch verteidigen, daß ich bereit bin, denjenigen, der sie beschränkt, zu erschlagen, dann würde man mich für verrückt erklären. Aber der Ost-West-Gegensatz beruht ja weitgehend auf dieser Theorie. Die Konsequenz ist, daß wir mit den Atomwaffen die östlichen Völker als Geiseln nehmen, und dies geschieht ebenso umgekehrt. Daher meine Frage: Ist die Macht der Politik nicht schon in eine Dimension vorgedrungen, angesichts derer man nicht mehr davon sprechen kann, daß es nur eine Moral gibt?

KIRCHSCHLÄGER: Die Konsequenzen politischen Handelns im kontinentalen und im Weltmaßstab sind tatsächlich ungemein schwer abzusehen. Ich glaube aber dennoch, daß auch für solches Handeln derselbe Grundsatz der ethischen Einstellung zum Leben stehen muß, aus der auch eine echte und glaubhafte Friedenspolitik unter Einsatz dieser Machtmöglichkeit abgeleitet werden kann. Johannes Meßner zum Beispiel hat gehofft, daß die Verteidigung nach außen in nicht zu ferner Zukunft bereits überflüssig werden würde durch internationale Übereinkommen, durch das gesteigerte Menschbewußtsein in der Welt. Wir wissen, daß sich das noch nicht erfüllt hat. Aber ich habe den Eindruck, daß ein Grundsatzunterschied hier nicht mehr besteht. Denn wenn ein Mensch über so viele Menschen zu entscheiden hat und über deren Wohlergehen, dann ist das wohl gar nicht um so vieles schwerer, als wenn er den Untergang, den Tod seiner Familie mitverantworten muß. Ein Beispiel: Wenn es um große Summen Geldes geht, lassen diese uns eher gleichgültig. Wenn es aber um überschaubare Summen geht, berührt es uns. Und wenn der Machtträger weiß, daß er mit seinen Entscheidungen seine Frau, seine Kinder, seine Enkelkinder tötet, dann ist hier keine andere moralische Entscheidungsgrundlage notwendig, als wenn er die ganze Welt mit einbezieht.

Ich teile aber gewiß die Auffassung, daß wir durch die technischen Errungenschaften unserer Zeit, die sich vor allem auf den Waffensektor auswirken, bereits in ein Stadium gekommen sind, wo die menschliche Unzulänglichkeit so groß ist, daß sie mit diesen Erfordernissen einfach nicht mehr umzugehen vermag. Denn wenn z. B. die Vorwarnzeit auf zwölf Minuten oder manchmal, in bestimmten Fällen und mit neuen Waffen, auf nur sieben Minuten sinkt, dann hilft es wirklich nichts, wenn man hinter dem Präsidenten der USA und hinter dem Generalsekretär der Kommunistischen Partei der Sowjetunion das Emergency-Telefon in jeden Raum nachträgt. Man kann einfach als Mensch nicht mehr so schnell die Entscheidungen fällen. Aber dann stellt sich nicht mehr die Frage, ob Machtausübung mit Moral zusammenhängt, sondern ob das, was wir uns in diesen faszinierenden naturwissenschaftlichen Fortschritten geschaffen haben, nicht bereits in eine andere Dimension fortschreitet, die wir – das müssen wir leider bekennen – noch nicht beherrschen.

WEHOWSKY: Man kann diese Überlegung auch umdrehen, also die Frage stellen, ob nicht diese immensen Folgen menschlichen Handelns letzten Endes Moralität, die Möglichkeit moralischen Handelns überhaupt, überschreiten. Es wurde schon mehrfach gesagt, daß unsere politische Kultur verfällt, daß also immer weniger Moralität sich in der politischen Kultur zeigt. Es könnte aber auch sein, daß eben gerade die quasi unkontrollierbaren Auswirkungen der Technik die Moral als solche in Frage stellen. Nimmt man vor dem Horizont des von Menschen produzierten Grauens vielleicht die Moralität im kleineren Rahmen gar nicht mehr so ernst? Das ist meine Frage: ob nicht möglicherweise diese Dimension die Moralität im kleineren Bereich erdrückt.

KIRCHSCHLÄGER: Sie kann für den einzelnen Menschen vielleicht eine Entschuldigung sein, um zu erklären: Im Hinblick auf die Größe der Vernichtungsgefahren kommt es auf eine kleine Machtüberschreitung, auf ein kleineres Nichthören auf das Gewissen nicht an. Ich persönlich glaube aber, gerade je größer die Macht ist, desto stärker muß auch eine ethische Bindung vorhanden sein. Denn wir können etwa die Erkenntnis von der Atombombe und ihren Kindern nicht mehr auf den Baum der Erkenntnis zurückhängen, und wir werden mit dieser Erkenntnis leben müssen. Kein Beschluß der Vereinten Nationen oder irgendeines anderen mächtigen Körpers kann verordnen, daß wir vergessen. Und wenn wir damit leben müssen, dann, glaube ich, müssen wir umso stärker eine hohe sittliche Forderung an jene stellen, die mit dieser Macht umgehen und denen diese Entscheidungsfähigkeit manchmal nolens volens in die Hand gegeben ist.

HERMANN: Vielfach ist es doch so, daß Machtträger – sei es der alleinerhaltende Familienvater, der diese Machtposition unter Umständen ausnutzt, sei es ein Manager in der Wirtschaft, ein Wissenschafter, ein Mediengewaltiger oder ein Politiker –, daß also Leute, die Macht ausüben, nach einer gewissen Zeit das Gefühl dafür verlieren, was sittlich noch vertretbar ist und was schon einen Verstoß gegen Ethik und Moral darstellt.

KIRCHSCHLÄGER: Genau das wollte ich sagen, als ich angeregt habe, es sollten die Sümpfe trockengelegt werden, damit die Verfehlungen gegen die Ethik sichtbarer werden, damit das Kavaliersdelikt, gegen das ich – völlig vergeblich – immer wieder angerannt bin, doch Delikt bleibt. Wir haben uns nun einmal daran gewöhnt – von den Höchstgeschwindigkeiten auf den Straßen, den Zollgrenzen bis zu den Steuererklärungen und gelegentlich auch im ehelichen Bereich –, so mit Augenzwinkern zu leben. Und wir haben uns daran gewöhnt, daß der, der mit Augenzwinkern lebt, ein sehr erfolgreicher, passabler Mann sein kann, ein Erfolgsmensch.

Es ist notwendig, daß die Menschen offene Augen kriegen dafür, ob beim Mitmenschen die Einheit gegeben ist oder nicht. Selbstgerechtigkeit führt dabei zu keinem Ziel. Aber ein geschärftes Auge ist nötig.

SPATZENEGGER: Selbstkritisch für die Veranstalter möchte ich doch noch einmal die Frage stellen: Gibt es wirklich einen Verfall der politischen Moral – oder ist nur unsere Sensibilität größer geworden?

KIRCHSCHLÄGER: Ich habe leider Grund zur Annahme – und ich weiß, daß ich hier auf Widerspruch stoße –, daß es ein Verfall der Moral schlechthin ist, dem wir begegnet sind im Laufe der letzten Jahrzehnte; das Fehlen unmittelbarer Not, der gewachsene Wohlstand bringt nun einmal tatsächlich – und zwar nicht nur im 20. Jahrhundert, sondern auch in früheren Zeiten – sehr leicht eine Lockerung der Gesetze zwischenmenschlichen Zusammenlebens mit sich. Die Sicht auf das Du wird in Zeiten der Not wesentlich größer als in Zeiten einer ruhigen Entwicklung, wo man glaubt, man könne sich selbst frei und ungehindert zur Entfaltung bringen. Verfall ist vielleicht ein zu hartes Wort. Aber daß ein Niedergang der öffentlichen und auch privaten Moral im Laufe der Zeit, in der wir unserer äußeren Existenzsorgen zu einem großen Teil scheinbar enthoben sind, stattgefunden hat, das können wir nur schwer bestreiten.

SAUBERER: Kollege Wehowsky hat das Wort Dr. Kirchschlägers aufgegriffen von der Pluralform der Moral. Es gibt keinen Pluralismus der Moral, und es kann keinen Pluralismus der Wahrheit geben. Das Problem aber besteht darin, daß niemand im Besitz der absoluten Wahrheit und damit auch niemand im Besitz der absoluten Moral sein kann. Und wenn da die Rede war von dem privaten Bereich und dem Sprung zur Weltpolitik, so möchte ich doch darauf hinweisen, daß es im privaten Bereich sehr wohl die Situation der Notwehr geben kann. Die Tragik in der Weltpolitik besteht darin, daß beide Seiten Notwehr geltend machen. Nun zu der Schlußfolgerung, daß dieses eine große Problem, dieses Existenzproblem der Menschheit, das andere, private erdrückt: Da möchte ich ein weiteres Wort Dr. Kirchschlägers aufgreifen: Der Friede beginnt im eigenen Haus. Meiner Meinung nach die Moralität auch.

WEHOWSKY: Ich glaube, daß ein Problem unserer Zeit gerade darin besteht, daß es sehr wohl verschiedene „Moralen" gibt, empirisch gesehen auf der ganzen Welt verteilt. Denken wir zum Beispiel an den Krieg

Iran – Irak: Da wird der Tod aus religiösen Gründen anders bewertet als bei uns. Auch die Frage des Zusammenlebens, die Sie, Dr. Kirchschläger, ansprechen, wird natürlich in verschiedenen Kulturen und Zeiten verschieden bewertet. Und daher ist es so schwierig, in der politischen Kultur ganz bestimmte Normen verpflichtend zu machen und sie so zu begründen, daß sie auch jeder einsieht. Dabei gibt es sicherlich einen Kanon von Normen, der weltweit gilt und auch, soweit wir die Zeiten kennen, immer gegolten hat; z. B. daß es besser ist, zu leben als zu sterben, oder daß Frieden besser ist als Krieg. Das ist aber nur ein Minimalkonsens, und die Schwierigkeit in der heutigen politischen ethischen Diskussion besteht darin, daß man sich über weitergehende Prinzipien nur sehr schwer einigen kann.

Publikumsdiskussion

PUBLIKUMSFRAGE: Dr. Kirchschläger hat erwähnt, Not zwinge zu Moral. Das hat so geklungen wie: Es geht uns zu gut, darum sind wir unmoralisch geworden. Könnte es aber nicht so sein, daß vielleicht die untere Schicht gesehen hat, was die Machtträger eigentlich machen, und da sie eben etwas freier geworden ist, nun eher dazu geneigt ist, diese Unmoral der Machtträger selbst zu übernehmen?

KIRCHSCHLÄGER: Mir ist es in meinem Leben so schlecht gegangen, daß ich sicher nicht nach der Not rufe. Wenn ich an meine Jugend denke, dann weiß ich noch sehr genau, daß es Grenzen gibt, wo die Not so groß wird, daß es unendlich schwer ist, sich noch mit staatlicher Ordnung abzufinden oder gar hohe und hehre Gedanken zu denken. Nein, ich wollte ganz sicher nicht sagen, daß ich die Not zurückwünsche, damit die Moral steigt. Wenn meine Worte so geklungen haben, dann bitte ich hiefür um Entschuldigung. Die Tendenz in meiner Aussage war: Dadurch, daß die Eltern materiell reich geworden sind, sind die Kinder in Wirklichkeit ärmer geworden, weil für sie keine Zeit mehr für Erziehung war; im Drang des Aufstiegs, den wir mitgestalten wollten und an dem wir teilhaben wollten, haben wir vielfach vergessen, die Kinder zu erziehen, und haben versucht, sie mit Geschenken zu befriedigen. Es war vielleicht auch so, daß wir – aus dem Krieg oder auch aus den Konzentrationslagern heimgekehrt – einmal Ruhe haben wollten, denn jede Erziehung ist – wenn auch eine liebende – Auseinandersetzung. Und dabei ist, glaube ich, der Grundstein gelegt worden, daß die strengen Maßstäbe, die vielleicht in unserer Jugend noch gegolten haben – trotz der Not oder gerade angesichts der Not –, nicht mehr in diesem Maße gehandhabt wurden. Denn ich glaube nicht, daß wir den ganzen Zustand der heutigen Gesellschaft einfach auf den kurzen Nenner bringen können: Es war eine heile Gesellschaft, daraufhin kamen die Politiker und sonstigen Machtträger, haben ein schlechtes Beispiel gegeben, und jetzt sind alle schlecht. Ich glaube, diese Infektion hat in dieser Weise nicht stattgefunden.

PUBLIKUMSFRAGE: Meines Erachtens geht es in all diesen Fragen um das „Menschenbild", und ich bin Dr. Kirchschläger sehr dankbar, daß er das impliziert hat. Wir brauchen doch nicht andere Macht, wir brauchen andere Machtträger, wir brauchen eine andere sittliche Orientierung. Wir brauchen etwas, das man früher gemeint hat mit dem Wort „Dienen": Wie kann jeder dienen? Nicht nur auf der hohen politischen Ebene, nicht nur auf der wirtschaftlichen, sondern auch auf der familiären Ebene . . .

PUBLIKUMSFRAGE: Wie gelangt jemand an die Macht in einer Demokratie? Es wird von ihm automatisch Durchsetzungsvermögen in einer Konkurrenzsituation auch gegenüber Freunden gefordert. Und aus diesem Paradox kann man eigentlich kaum unbeschadet in eine Machtposition gelangen. Wenn fünf Leute in einem gewissen Sinn die Welt verändern wollen, fängt dieser Mechanismus ja schon beim Gerangel um die Listenplätze zu wirken an.

KIRCHSCHLÄGER: Ich habe in meinem Buch „Der Friede beginnt im eigenen Haus" ein schönes Wort von Karl Jaspers verwendet: Eines der essentiellen Erfordernisse an das Politikersein besteht darin, daß er vor und nach der Wahl, vor dem Erreichen einer Stellung und nachher, möglichst derselbe bleibt. Denn gewählt ist ja nicht der Veränderte, sondern gewählt wurde der, der er vorher war. Wenn er z. B. vorher seine Anzüge beim teuersten Schneider gekauft und sich Maßschuhe hat schneiden lassen, dann soll er es auch nachher tun und sich nicht jetzt einen Serienschuh kaufen, um zu zeigen, wie er in einem Schuhhaus einkauft. Aber erst recht, wenn er zuvor seine Anzüge von der Stange gekauft hat, soll er das auch nachher tun. Es wird so leicht der Fehler gemacht – nicht nur im politischen Leben –, daß man meint, man sei ein gewisses Handeln seiner Stellung schuldig. Man ist seiner Stellung nach meinem Dafürhalten nur ein moralisches Handeln schuldig. Ansonsten soll man der bleiben, der man vorher gewesen ist.

PUBLIKUMSFRAGE: Es war bisher die Rede von den Menschen, die Macht ausüben, weniger vom Weg zur Macht. Aber der führt ja im politischen Leben großteils über den Parteiapparat. Daher legt der Schluß sich nahe zu sagen: Die Parteien sind zu mächtig! Müßte man nicht daher dieses Symposion „Partei und Moral" benennen? Wie können Sie sich weiters vorstellen, Herr Dr. Kirchschläger, daß wieder mehr Persönlichkeiten, die Macht und Moral in sich vereinen, sich für die Politik interessieren? Oder ist doch die Allmacht der Parteien daran schuld, daß sich viele Leute abwenden von der alltäglichen Politik?

KIRCHSCHLÄGER: Es wäre eine das Gegenwartsbild verzerrende Einschränkung, wenn wir uns hier nur mit der politischen Partei und der Moral befassen würden. Denn es würde den Eindruck hervorrufen, daß das einzige Spannungsfeld zwischen der Moral und den politischen Parteien liegt. So ist es sicher nicht. Aber es ist zweifellos richtig, daß die politischen Parteien der Selbstbesinnung bedürfen. Ich habe manchmal das Gefühl, daß der Stab der politischen Parteien etwas sehr groß geworden ist. Sie haben allzu große Apparate aufgebaut, und Apparate bringen zwangsläufig immer eine Tendenz zur Machtausübung mit sich. Eine Partei, welche immer es sei, sollte doch zuerst nicht Interessenvertretung des einzelnen Parteiangehörigen zur Erfüllung seiner Bedürfnisse sein, sondern sie sollte vornehmlich die Prinzipien, die ihr zugrunde liegen, in die Tat umsetzen. Mir fällt z. B. auf, daß in einem Bundesland die Bedürftigen, die eine Wohnung brauchen, und die sehr fähigen Leute, die angestellt werden sollen, zufällig der einen Partei zugehören, und in einem anderen Bundesland sind sie zufällig bei der anderen Partei. Diese Zufälle sind aufklärungsbedürftig. Und ich glaube, wenn einmal eine Partei über diesen Schatten springt, dann wird sie am Anfang gewiß eine Krise durchmachen. Aber wenn es einmal einer Partei gelingt, nicht die Interventionitis voranzustellen, sondern die Durchsetzung eines Programms, dann, glaube ich, hat diese Partei eine große Zukunft. Nur muß sie diese Zwischenphase überstehen. Die ist schwer, weil sie da sehr viele enttäuscht, die aus einer langen Tradition heraus Erwartungen an die Partei haben.

PUBLIKUMSFRAGE: Wie war das gemeint mit dem Satz „Wir müssen mit der Kernkraft leben"? Verbirgt sich in dieser verbreiteten Befürwortung durch die Politiker nicht zutiefst Unmoral? Keiner der Herren Entscheidungsträger möchte seiner privaten Familie schaden, ganz und gar nicht. Aber ihr Vertrauen in die Kerntechnik und ihre Techniker ist notwendig schon Unmoral, weil bewußt wirtschaftsorientierte Kurzsichtigkeit. Der Unfall ist bekanntlich möglich, ganz abgesehen von der Schädigung der Natur durch Normalbetrieb. Kritische Wissenschafter haben uns genügend darauf aufmerksam gemacht. Meine zweite Frage bezieht sich auf die Moral der Verteidigung: Könnten wir nicht aus dem Beispiel, das ein Gandhi gegeben hat, vieles lernen, oder auch aus der 800jährigen Geschichte San Marinos, das sich niemals verteidigt hat?

KIRCHSCHLÄGER: Ich fühle mich nicht in der Lage, eine Debatte über die friedliche Nutzung der Atomenergie zu führen. Sicher muß bei deren Anwendung mit höchster Verantwortung vorgegangen werden. Ich muß Ihnen aber persönlich sagen, daß ich mich für die Gegenwart vor allem in Anbetracht der Situation in Mitteleuropa stärker darauf konzentrieren würde, den für heutige Zeit höchsten Grad an Sicherheit auch wirklich zu erreichen, als die friedliche Nutzung der Kernkraft ganz abzulehnen und damit auch die Sicherheitsschwelle tiefer zu lassen. Das ist meine persönliche Überzeugung – vielleicht zähle ich hier zu den Biedermännern. Aber ich sage das auch im Wissen um die Verantwortung für meine Kinder und Kindeskinder.

Zur Moral der Verteidigung: Wenn man in San Marino oder Liechtenstein ist, wird man kaum den vitalen Interessen von Mächten und Großmächten begegnen. Es gibt aber in der internationalen Staatenwelt doch größere Machtsysteme. Und Gandhi hat zwar die Unabhängigkeit Indiens erlangt, aber doch nicht zuletzt, weil er als Partner damals England gehabt hat. Ich persönlich glaube, daß momentan die Welt noch nicht so ist, daß wir alle Türen aufmachen und jeden hereinlassen können. Es ist ohne weiteres möglich, daß jemand sagt: Ich bin ein sehr friedfertiger Mensch, ich sperre meine Haustüre nicht zu. Es kann jeder zu mir kommen. Das ist eine sehr respektable, schätzenswerte Haltung. Aber wer als Machtträger des Staates nicht nur für sich, sondern für das ganze Volk Verantwortung trägt, der, glaube ich, kann nicht sagen, es kann jeder kommen und kann bei uns Platz nehmen. Dann zu meinen, es werden mir schon die anderen helfen, wäre nicht ganz der richtige Weg. Das hieße ja nur, die eigenen Anstrengungen sparen in der Hoffnung auf andere. Ich glaube also, Verteidigung ist wohl mit der Moral vereinbar, und ich befinde mich hier auch im wesentlichen mit den Religionen, die doch unser Weltbild beherrschen, in Übereinstimmung. Zwar teile ich die Auffassung, daß man alle Möglichkeiten ausnutzen muß, um zu einer Besserung des Heute zu kommen, und es gibt wohl niemanden unter uns, der nicht zutiefst dadurch bedrückt wäre, daß auf Europa heute das Gros der Vernichtungswaffen der Welt entweder gerichtet oder hier stationiert ist. Ich glaube aber, eine wirkliche Abrüstung wird erst dann stattfinden können, wenn zwischen den Protagonisten dieser Erde ein sachlich begründetes Vertrauen aufgebaut wird. Das Gleichgewicht des Schreckens kann keine Lösung für die Zukunft sein. An diesem Aufbau des gegenseitigen Vertrauens könnten vielleicht wir kleineren Staaten in einem bescheidenen Maße, aber doch mit Freude und mit Engagement mitarbeiten.

PUBLIKUMSFRAGE: Dr. Kirchschläger hat in seinem Eingangsreferat den Paragraphen 16 des Allgemeinen Bürgerlichen Gesetzbuches erwähnt; aus den Protokollen zu diesem Paragraphen 16 des ABGB kann man aber ablesen, daß er bei der Kodifikation gerade noch durchgerutscht ist. Daher meine Frage: Gibt es überhaupt für Bürger eine moralische Verpflichtung oder ein tatsächliches Recht, entmoralisierte Rechte zu bekämpfen und ihnen Widerstand zu leisten?

KIRCHSCHLÄGER: Ich glaube, daß der Paragraph 16 ABGB eine wenn auch vielleicht lange diskutierte, aber doch köstliche Frucht jener Gesinnung ist, die in der Zeit der beginnenden Aufklärung und in der Hochzeit einer Naturrechtslehre am Ende des 18. und am Beginn des 19. Jahrhunderts geherrscht hat. Wir waren über diesen Paragraphen 16 immer sehr glücklich und haben ihn sehr stolz dem BGB, dem Deutschen Bürgerlichen Gesetzbuch, entgegengestellt, das keine solche Bestimmung hatte. Daß die Österreichische Bundesverfassung – die ja bekanntlich unter dem Einfluß, wenn auch nicht unter der alleinigen Autorenschaft, von Hans Kelsen zustande kam – den damals sehr modern gewordenen Grundsatz der Wertfreiheit zu verwirklichen trachtete, ist aus der Zeit heraus verständlich. Wenn man den Weg Kelsens verfolgt, wird man sehen, daß er in seinen späteren Jahren an dieser Wertfreiheit doch auch etwas zu zweifeln begonnen hat. Ich persönlich neige – und das schon seit meiner Studienzeit – lieber dem Gedanken zu, der im Paragraphen 16 zum Ausdruck kommt, als dem Rechtspositivismus in der Form, in der er bei uns in der Verfassung seinen Niederschlag gefunden hat.

Zur Frage nach dem Widerstandsrecht: Ich habe versucht, in meinem Referat zwei Einschränkungen für das Widerstandsrecht zu machen: daß nämlich mit den gesetzlichen oder sittlich gerechtfertigten Mitteln der Widerstand gegen Amoralität geleistet werden kann und geleistet werden soll.

PUBLIKUMSFRAGE: Ich möchte noch einmal auf das eigentliche Thema „Macht und Moral" zurückkommen. Ich habe in meinen zwanzig Lebensjahren festgestellt, daß Moral sehr hinderlich ist, um an die Macht zu kommen. Und da es sich in Österreich eingebürgert hat, den einfachsten Weg zu wählen, hat man vielfach den Weg der Unmoral gewählt. Es hat sich gezeigt, daß die Leute, die Moral hatten, nicht an die Macht kommen wollten. Gibt es dann überhaupt ein „Trockenlegen der Sümpfe"?

KIRCHSCHLÄGER: Ich kann die Feststellung, daß Moral ein Hindernis sei, um „an die Macht zu kommen", nicht ganz teilen, und auch nicht die Konsequenz daraus, daß nur die an die Macht kommen, die keine Moral haben. Ich maße mir nicht an, Moralapostel zu sein, aber ich habe eigentlich bei meiner Kandidatur als Bundespräsident, bei der ich mich ja einer Volkswahl stellen mußte, nicht den Eindruck gehabt, daß ich irgend etwas versprechen oder tun mußte, das ich nachher hätte zurücknehmen müssen. Und vor allem: Ich bin wirklich nach meiner Kenntnis der Situation davon überzeugt, daß ich wahrhaft und bei Gott kein Einzelfall bin. Ich verstehe, daß man in jungen Jahren sehr kritisch ist, aber ich glaube, man sollte nicht verallgemeinern. Ich weiß, ich habe Sie nicht überzeugen können, aber . . .

PUBLIKUMSREDNER: Ich bedanke mich, daß Sie überhaupt versucht haben, mich zu überzeugen!

Politisches Handeln zwischen Macht und Moral

Ein Grundproblem der politischen Ethik

Karl Graf Ballestrem

Die Politik gilt als ein schmutziges Geschäft. Diese Ansicht findet man nicht nur an Stammtischen, sie ist ein Bildungsgut mit Tradition. In Schillers „Wallenstein" lesen wir über die „falschen Mächte" des Geldes und der Politik: „Und keiner lebet, der aus ihrem Dienst die Seele hätte rein zurückgezogen."[1] Und in Sartres Theaterstück „Les mains sales" wendet sich der politische Realist mit folgenden Worten an den intellektuellen Utopisten: „Meine Hände sind schmutzig bis zu den Ellenbogen. Ich habe sie in Dreck und Blut getaucht. Glaubst Du, man könnte unschuldig regieren?"[2]

Der so spricht, ist ein kommunistischer Parteiführer, vielleicht kann man nichts anderes von ihm erwarten. Aber die Ansicht, die Politik sei ein schmutziges Geschäft, macht auch vor demokratischen Politikern nicht halt. Gerade wenn sie sich moralisch gebärden, stoßen sie auf kaum verhohlene Skepsis. Erklärungen wie die von Präsident Carter, die Respektierung der Menschenrechte zum Maßstab der amerikanischen Außenpolitik machen zu wollen, oder von führenden Politikern in Deutschland und Österreich, es sei notwendig, eine „geistig-moralische Wende" (Kohl) oder eine „moralische Erneuerung" (Waldheim) in der Politik herbeizuführen, solche Erklärungen begegnen dem Verdacht der Naivität oder Scheinheiligkeit. Politiker sollten wissen, daß sie nicht im „Geruch der Heiligkeit", sondern im Verdacht der Ruchlosigkeit stehen.

Diese Situation ist eigentlich paradox. Warum sollten gerade diejenigen, die für das Gemeinwohl verantwortlich sind, ein berufsspezifisches Defizit an Moral haben? Warum sollten ausgerechnet diejenigen, die als Mitglieder einer Legislative eine Rechtsordnung gestalten oder in Regierungen und staatlichen Verwaltungen mit der Anwendung der Gesetze betraut sind, weniger als andere Bürger einen Sinn für Gerechtigkeit haben? Ist es nicht weit plausibler, anzunehmen, daß demokratische Politiker ein besonders waches Bewußtsein für die in der Verfassung verankerten moralischen Grundwerte und Prinzipien besitzen? Aber woher stammt dann die weitverbreitete Skepsis? Sie rührt offenbar von der Überzeugung, daß Politik im Grunde weniger mit Fragen der Gerechtigkeit als mit Machtfragen zu tun hat; daß das unmittelbare Ziel politischen Handelns selten das Gemeinwohl, umso öfter die Erhaltung und Erweiterung der eigenen Macht ist; daß die Mächtigen oder Machthaber die Rechtsordnung nach ihren Zwecken zu gestalten wissen; daß Politiker, die moralisch argumentieren, als Wolf im Schafsfell daherkommen, d. h. vorgeschobene Gründe nennen, die nicht ihre wahren Gründe sind. Als Ausnahmen gelten allenfalls Politiker, die über den Parteien und außerhalb des Machtkampfs der alltäglichen Politik stehen. Von Staatsoberhäuptern, die über geringe Machtmittel verfügen, heißt es, sie hätten moralische Autorität. Machtbefugnis und moralische Glaubwürdigkeit scheinen einander auszuschließen.

Man kann diesen weitverbreiteten Meinungen sicher nicht ohne weiteres zustimmen, aber sie enthalten doch die richtige Einsicht, daß sich politisches Handeln in einem Spannungsfeld von Macht und Moral bewegt. Einerseits ist Politik, gerade in der Demokratie, Ausdruck sozialer Konflikte, Streit der Parteien, Kampf um Macht. Der erfolgreiche Politiker kann mit Hilfe seiner Partei und für seine Partei Machtpositionen erringen und Macht ausüben. Er versucht, seine Macht zu festigen und auszubauen, indem er der eigenen Seite Vorteile verschafft; denn nur so kann er im innerparteilichen Konkurrenzkampf bestehen. Auf der anderen Seite hat Politik Ordnungsfunktionen gegenüber der Gesamtgesellschaft. Ihre wesentliche Aufgabe ist es, die Gesellschaft als ein System der friedlichen Kooperation zu erhalten, d. h. dafür zu sorgen, daß jeder in ihr zu seinem Recht kommt und sie vor äußerem Schaden bewahrt bleibt. Diese Aufgabe zu erfüllen, wird vom Politiker erwartet. Jeder, der ein öffentliches Amt übernimmt, weiß, daß er nicht in erster Linie seiner Partei oder einer sozialen Gruppe, sondern dem Gemeinwohl verpflichtet ist.

Aus diesem Spannungsverhältnis lassen sich zwei verschiedene Konsequenzen ziehen. Einmal die Forderung nach einer Moralisierung der Macht, d. h. die Politik so zu gestalten, daß sie mit Moral und Recht übereinstimmt. Zum anderen die Forderung, zwischen Fragen der Macht und Fragen der Moral scharf zu trennen und anzuerkennen, daß Politik in gewisser Hinsicht ein schmutziges Geschäft sein muß. Man kann diesen beiden Antworten auf das Problem von Macht und Moral die Namen *Moralismus* und *Realismus* geben. Beide Positionen sind in den verschiedensten Varianten oft vertreten und kritisiert worden. Der Haupteinwand gegen den Moralismus bezieht sich auf seinen mangelnden Realismus und damit auf das Fehlen jeder praktischen Relevanz. „Es ist nutzlos", schreibt Montesquieu, „die Politik dadurch direkt anzugreifen, daß man zeigt, wie sehr ihre Gepflogenheiten der Moral und der Vernunft widersprechen. Solches Gerede wird jedermann überzeugen, aber niemanden verändern . . ."[3]

Die Schwäche des Realismus ist sein offener Zynismus bzw. sein wenig überzeugender Versuch, das rücksichtslose Verfolgen partikularer Interessen als eine höhere Moral auszugeben. Die Verteidiger des Machtstaates haben sich gerade im Bereich der Außenpolitik zum Realismus bekannt. Wo objektive Interessengegensätze bestehen, da kommt es früher oder später zu einem Machtkampf, und in diesem Kampf – so heiß es – zählt der Sieg, nicht das reine Gewissen. „Der Staatsmann hat nicht das Recht", schreibt Treitschke, „sich die Hände zu wärmen an den rauchenden Trümmern seines Vaterlandes mit dem behaglichen Selbstlob: ‚Ich habe nie gelogen'; das ist die Tugend eines Mönches."[4] Der Verteidiger einer Moralisierung der Macht wird dem gegenüber fragen, „ob rauchende Trümmer nicht gerade das letzte Ende jeder verlogenen und treulosen Staatskunst sind"[5].

Das Problem des politischen Handelns zwischen Macht und Moral ließe sich aus verschiedenen Perspektiven behandeln. Es hat eine beachtliche Tradition und regt zu historischen und ideengeschichtlichen Überlegungen an. Es ist ein Problem der politischen Institutionen, des öffentlichen Rechts und des Strafrechts. Es ist ein Problem der politischen Kultur, das die Soziologie und die empirische Korruptionsforschung beschäftigt. Obwohl ich einige dieser Dimensionen nicht ausklammern kann und will, steht in meinen Überlegungen eine andere Perspektive im Vordergrund. Ich behandle das Spannungsverhältnis von Macht und Moral als Grundproblem der politischen Ethik, also einer moralphilosophischen Reflexion über Politik.

Die politische Ethik steht, was das Verhältnis von Macht und Moral angeht, prinzipiell auf dem Standpunkt des *Moralismus,* denn moralische Werturteile über politische Institutionen und Handlungen sind nur dann sinnvoll, wenn zwischen Machtfragen und Fragen der Moral keine strikte Trennung angenommen wird. Politische Ethik muß aber zugleich versuchen, in dem Sinne realistisch zu sein, daß sie die tatsächliche Motivation und die strukturellen Voraussetzungen politischen Handelns mitbedenkt. Nur dann könnte es ihr gelingen, eine Theorie des richtigen Machtgebrauchs zu entwickeln, die nicht einfach auf Machtverzicht hinausläuft, sondern brauchbare Handlungsanweisungen für praktische Politik enthält.

Im folgenden möchte ich zunächst deutlich machen, was ich unter „politischer Ethik" verstehe und warum m. E. gerade diejenigen, die schwerwiegende politische Entscheidungen zu treffen haben, Interesse an ethischen Theorien haben müßten. In einem zweiten Teil will ich zum Problem von Macht und Moral zurückkehren, einmal, um zu zeigen, daß es sich dabei um zwei verschiedene Probleme handelt, die nicht viel miteinander zu tun haben; zum anderen, um zu überlegen, ob über den moralisch richtigen Gebrauch der Macht begründete Urteile abgegeben werden können.

I. Politische Ethik

Ich beginne mit kurzen Bemerkungen zur Terminologie. Ich gebrauche die Worte „Ethik", „praktische Philosophie" und Moralphilosophie" als Synonyme. Unter einer „ethischen Theorie" verstehe ich eine normative Theorie der Moral im Gegensatz zu deskriptiven (z. B. soziologischen) Moraltheorien. Während letztere zu erklären versuchen, warum bestimmte Gruppen bestimmte moralische Vorstellungen haben, geht es in normativen Theorien darum, mit Hilfe allgemeiner Prinzipien zu begründen, was im Einzelfall als gut und gerecht gelten soll bzw. wie wir handeln sollen.

Die Frage „Was soll ich tun?" ist die Ausgangsfrage der Ethik. Glücklicherweise wissen wir in der Regel ganz genau, was wir tun sollen. Wir haben ein Bewußtsein von moralischen Werten, von Rechten und Pflichten, und wir machen die Erfahrung, daß die, mit denen wir zusammenleben, ähnliche Überzeugungen haben. Wenn wir unsere Überzeugungen als moralische Werturteile zum Ausdruck bringen, so verstehen wir dies keineswegs nur als Ausdruck subjektiver Gefühle, wie bei Geschmacksurteilen, vielmehr verbinden wir damit den Anspruch der Wahrheit und Begründbarkeit. Probleme entstehen, wenn wir zwischen Werten abzuwägen, wenn wir bei Normenkonflikten zu entscheiden oder wenn wir Gesprächspartner zu überzeugen haben. Dann brauchen wir normative Theorien, in denen Grundbegriffe definiert, Prioritätsregeln formuliert und Prinzipien angegeben werden, aus denen sich, unter Beachtung der konkreten Randbedingungen, Werturteile und Handlungsstrategien ableiten lassen.

Ich möchte diese Überlegungen an einem Beispiel verdeutlichen. Der Wert des Lebens; die Pflicht, Leben zu respektieren; das einfache Gebot „Du sollst nicht töten" – diese Leitsätze gehören zu unseren moralischen Grunderfahrungen und sichersten Überzeugungen. Ich weiß deshalb in der Regel genau, was ich in dieser Hinsicht zu tun und zu unterlassen habe. Aber es gibt Situationen, in denen Leben gegen Leben, Leben gegen Gesundheit, Leben gegen Sicherheit steht; in denen das Gebot „Du sollst nicht töten" mit einem anderen Gebot in Konflikt gerät, z. B. dem: „Du sollst die, die dir anvertraut sind, schützen." Für solche Fälle braucht man eine *Theorie des legitimen Tötens,* d. h. eine Theorie, die auf Grund klarer und möglichst allgemein annehmbarer Prinzipien zu begründen erlaubt, ob Töten jemals berechtigt sein kann und, wenn ja, unter welchen Bedingungen. Nun beginnt die Suche nach Prinzipien, mit deren Hilfe wir unsere moralischen Überzeugungen auf diesem Gebiet in einen konsistenten Zusammenhang bringen können. Als eine Möglichkeit kommt etwa folgendes Prinzip in Frage: „Ich bin nur dann berechtigt, einen anderen Menschen zu töten, wenn dieser mir nach dem Leben trachtet und ich anders mein Leben nicht schützen kann." Dieses Prinzip ergäbe eine sehr restriktive Theorie, mit der sich etwa Beistandspflichten nicht begründen ließen. Ein anderes Prinzip würde wohl unsere Überzeugungen besser abdecken: „. . . , wenn dieser mein Leben oder das Leben von mir anvertrauten Personen bedroht und ich es anders nicht schützen kann."

Ich will nun nicht weiter ausführen, wie eine Theorie des legitimen Tötens im einzelnen auszusehen hätte. Worauf es mir ankommt, ist: Ohne eine solche ethische Theorie könnten wir in den komplizierten Fällen der Notwehr und Nothilfe, des Kriegsdienstes, der Abtreibung und der Todesstrafe keine begründeten Urteile abgeben bzw. Entscheidungen treffen. Natürlich sind wir bei der Entwicklung solcher Theorien nicht auf uns allein gestellt. Wir stehen in einer Tradition von Überzeugungen und Argumenten, wir leben in einer Rechtsordnung. Aber wie sich gerade an den genannten Fällen zeigen läßt, werden die herkömmlichen Überzeugungen oft angezweifelt, die geltenden Gesetze öffentlich diskutiert und revidiert. Wer verantwortlich handeln will, muß seine eigenen ethischen Überzeugungen haben.

Das trifft natürlich erst recht für den Politiker zu, der schwerwiegende Entscheidungen zu treffen und diese öffentlich zu verantworten hat. Auch er weiß in der Regel, was er zu tun hat, um einerseits seine Interessen zu verfolgen, andererseits der Stimme seines Gewissens und den Bestimmungen des positiven Rechts zu entsprechen. Aber öfter als der Durchschnittsbürger gerät er in Situationen, wo er über die Grundlagen des Rechts und die Grundwerte der Verfassung nachdenken muß, etwa um bei der Novellierung eines Gesetzes mitzuberaten. Je mehr Macht er ausübt, desto öfter muß er nicht nur Routineentscheidungen, sondern Grundsatzentscheidungen treffen, bei denen es gilt, zwischen Werten und Normen abzuwägen und die weitreichenden Folgen zu bedenken. Mehr als andere Menschen benötigt er daher eine normative Theorie des politischen Handelns, d. h. eine politische Ethik.

Unter politischer Ethik verstehe ich den Teil der praktischen Philosophie, der sich mit den normativen Grundfragen der Politik beschäftigt: Mit den Prinzipien einer gerechten sozialen Ordnung oder guter Verfassung; mit den Kriterien legitimer Herrschaft; mit den Rechten und Pflichten der Regierenden und der Bürger (darunter dem Widerstandsrecht und der Gehorsamkeitspflicht); mit der Frage der Gerechtigkeit in den Beziehungen zwischen Staaten. Zur politischen Ethik in diesem weitesten Sinne gehören daher Theorien der sozialen Gerechtigkeit, der legitimen Herrschaft, des gerechten Krieges und eben auch eine Theorie des richtigen Machtgebrauchs durch die Regierenden.

II. Macht und Moral

Zunächst sei darauf hingewiesen, daß sich hinter dem Titel „Macht und Moral" zwei Probleme verbergen, die im Grunde wenig miteinander zu tun haben. Einmal das Problem des Machtmißbrauchs, wie es in Lord Actons bekanntem Diktum zum Ausdruck kommt: „Power corrupts and absolute power corrupts absolutely." Zum anderen die Frage, ob Politiker unter bestimmten Umständen gut daran tun, gegen moralische Normen zu verstoßen; bzw. ob sie, auch wenn sie die bestmögliche Entscheidung treffen, zuweilen in ein moralisches Dilemma geraten, d. h. gegen moralische Normen verstoßen müssen. Dieses Problem hat Machiavelli im 15. Buch seines „Principe" thematisiert, und es beschäftigt – freilich mit zeitbedingten Unterschieden – auch noch die politische Ethik der Demokratie (in der angelsächsischen Literatur unter dem Titel „the problem of dirty hands")[6]. Beide Probleme unterscheiden sich vor allem dadurch, daß im ersten Fall das negative Urteil über den Machtmißbrauch feststeht, während im zweiten Fall fraglich ist, wie der Politiker handeln sollte.

a) Das Problem des Machtmißbrauchs

Obwohl der Satz „Macht korrumpiert" zuweilen so gebraucht wird, als solle damit nur eine empirische Verallgemeinerung zum Ausdruck kommen[7], und obwohl von Fällen der Korruption zuweilen mit einem Zynismus berichtet wird, der zu suggerieren scheint: „Was kann man von Politikern anderes erwarten?", geht daraus doch keineswegs hervor, daß nach allgemeiner Auffassung Politik eben ein unmoralisches Geschäft sei, auf das unsere gewöhnlichen moralischen Werturteile keine Anwendung fänden. Im Gegenteil: Der Begriff der Korruption setzt den Gegenbegriff der Integrität voraus; vom Mißbrauch der Macht zu reden, hat nur Sinn, wenn es auch einen richtigen Gebrauch der Macht gibt; ebenso wie die Willkürherrschaft des Tyrannen nur vor dem Hintergrund des guten Herrschers als solche verständlich wird. Der Zynismus, mit dem über Mißbrauch der Macht berichtet wird, hat in Wirklichkeit die rhetorische Funktion, die moralische Empörung bei denen zu steigern, die zwar die Mächtigen beobachten und beurteilen, aber in der Regel nicht bestrafen können.

Ist diese Empörung berechtigt? Worauf bezieht sie sich genau? Welche positive Vorstellung steht hinter den negativen Werturteilen über Machtmißbrauch und Korruption? Um auf diese Fragen einzugehen, muß ich zunächst klarmachen, in welchem Sinne hier von „Macht" die Rede ist. Ich gehe von der üblichen, von Max Weber stammenden Definition aus, nach der man unter *Macht* die Fähigkeit eines einzelnen oder einer Gruppe versteht, innerhalb einer sozialen Beziehung den eigenen Willen auch gegen Widerstände durchzusetzen. In diesem allgemeinen Sinne sind sowohl die Eltern in der Familie, die Direktoren oder Vorstände eines Wirtschaftsunternehmens, die Offiziere in einer Armee, ein Parteiführer in seiner Partei, eine Regierungschef im Staat *Machthaber.* Sie alle haben mehr oder weniger die Fähigkeit, auf Grund ihrer *Machtstellung* und der *Machtmittel,* über die sie verfügen (z. B. Informationen, Produktionsmittel, Waffen, Publikationsorgane), Macht auszuüben.

Politische Macht oder Herrschaft unterscheidet sich dadurch von allen anderen Formen gesellschaftlicher Macht, daß sie sich als höchste oder souveräne Macht über alle anderen Machthaber in der Gesellschaft erhebt, indem sie durch allgemeine Gesetze und Verordnungen über alle Bürger unmittelbar gebietet, in allen Streitfällen letztlich entscheidet und die Gesamtheit der Bürger anderen Staaten gegenüber selbständig vertritt. Als entscheidende Machtmittel verfügt sie über das Monopol der physischen Gewaltsamkeit sowohl nach innen (Strafrecht) wie nach außen (Kriegsrecht).

Aus ethischer Sicht ließe sich zunächst folgendes allgemeine Prinzip formulieren: Wer Macht ausübt, übernimmt Verantwortung; je mehr Macht er ausübt, desto größer ist seine Verantwortung. Denn wer seinen eigenen Willen anderen gegenüber durchsetzt, beschränkt deren Fähigkeit, frei zu entscheiden und für sich selbst zu sorgen. Dafür mag es gute Gründe geben: Er kann vielleicht besser für sie sorgen, als sie für sich selbst sorgen könnten. Er mag sogar durch Wahl von ihnen beauftragt sein. Aber wer stellvertretend für andere für eine Gemeinschaft handelt, ist für deren Wohl verantwortlich. Er hat die Pflicht, bei seinen Entscheidungen nicht nur seine eigenen Interessen, auch nicht nur die einer ihm nahestehenden Gruppe, sondern Leben und Ordnung der Gemeinschaft, d. h. das Gemeinwohl, im Auge zu behalten.

Wenn wir von Machtmißbrauch sprechen, dann meinen wir, daß ein Machthaber seiner Verantwortung nicht gerecht wird. Wir setzen voraus, daß er seine persönlichen Interessen bzw. die einer Partei oder Gruppe dem Gemeinwohl vorzieht. Dafür scheint es vor allem zwei objektive Gründe zu geben: entweder die Macht ist zu groß, uneingeschränkt, unkontrollierbar und willkürlich; oder sie ist zu klein, allen gesellschaftlichen Einflüssen ausgesetzt und unfähig, die Ordnungsfunktionen auszuüben, die einem Amtsträger zukommen. Der Tyrann oder absolutistische Herrscher tendiert dazu, sein Amt zu mißbrauchen, indem er die Politik zu seiner Privatangelegenheit macht. Der demokratische Politiker steht in der Gefahr, mißbraucht *zu werden,* wenn mächtige gesellschaftliche Gruppen auf ihn einwirken, um ihre Zwecke in der Politik durchzusetzen.

Die Geschichte des demokratischen Rechtsstaates zeigt immer wieder neue Versuche, mit Hilfe von Gesetzen und Institutionen die objektiven Gründe beider Formen des Machtmißbrauchs zu beseitigen, d. h. sowohl des *aktiven* Mißbrauchs der übergroßen, unkontrollierten Macht als auch des *passiven* Mißbrauchs durch zu geringe eigene Machtmittel, durch Abhängigkeit des Amtsträgers von mächtigen gesellschaftlichen Gruppen. Teilung und gegenseitige Kontrolle der Regierungsgewalten, allgemeine Wahlen und eine freie, kritische Öffentlichkeit, auch die Rechtsförmigkeit der Verwaltung haben dazu beigetragen, die Macht der Herrschenden einzugrenzen, Willkür abzubauen und eine „gemäßigte Regierung" herbeizuführen. Auf der anderen Seite wurde durch die Einführung des Berufsbeamtentums, der Abgeordnetendiäten, der Finanzierung von Wahlkämpfen aus Steuergeldern, der Gesetze gegen Bestechung usw. die weitgehende Unabhängigkeit der Politiker und Staatsbeamten von den in der Gesellschaft Mächtigen erreicht. Fast könnte man sagen: Der Rechtsstaat trägt vor allem dadurch zur Moralisierung der Politik bei, daß der richtige Machtgebrauch keine Tugend mehr erfordert, sondern im Interesse jedes Machthabers liegt. Auch um der Machterhaltung willen lohnt es sich im demokratischen Rechtsstaat in der Regel, anständig zu sein. Vielleicht hat es von einem Condottiere der Renaissance heroische Tugenden erfordert, auf das übliche Mittel des Giftmords zu verzichten, um seine Konkurrenten zu beseitigen. Von einem demokratischen Politiker kann man wohl ohne weiteres erwarten, daß er im Wahlkampf dieses probate Mittel nicht verwendet.

Darin liegt gewiß ein Fortschritt. Aber wie der Fall „Watergate" und im allgemeinen die Ergebnisse der empirischen Korruptionsforschung zeigen[8], kommt es auch in demokratischen Rechtsstaaten immer wieder zu Fällen des aktiven und passiven Machtmißbrauchs. Das zwingt zwar keineswegs zu der Schlußfolgerung, Politik sei ein besonders schmutziges Geschäft (auch andere Berufe haben ihre moralischen Risiken), aber sollte uns doch darüber nachdenken lassen, daß nicht allein die rechtlich-institutionellen, sondern auch die moralisch-bewußtseinsmäßigen Voraussetzungen für einen einwandfreien Gebrauch der Macht gegeben sein müssen – und zwar nicht allein bei den Politikern, sondern in der ganzen Gesellschaft.

Politiker sind in der Regel nicht unmoralischer als die übrigen Bürger. Man könnte sagen: Jede Demokratie hat die Politiker, die sie verdient. Aber Unmoral und Rechtsbrüche sind bei uns weit verbreitet und werden, wenn sie nicht besonders auffallen, kaum geahndet. Wir alle sind, in verschiedenem Maße, Lügner, Fälscher und Betrüger. Eine kleine „Notlüge" hier, die halbe Wahrheit dort, eine Spendenquittung hier, eine Spesenrechnung dort; ein kleiner Steuerbetrug hier, ein zu Subventionszwecken gefälschtes Formular dort – Kleinigkeiten meist, aber in der Summe ergeben sich große Beträge und vor allem eine Atmosphäre, in der der Schwindel gedeiht. Aus dieser Gesellschaft gehen unsere Politiker hervor. Sie haben von Jugend auf gelernt, in der Gesellschaft ihren Vorteil zu suchen. Jetzt leben sie, in Max Webers Terminologie, nicht „für die Politik“, sondern „von der Politik“ (sie ist oft ihre einzige Existenzgrundlage). Persönliche Vorteile werden ihnen angeboten, oder sie verfügen über die Mittel, sie sich zu beschaffen. Die Versuchung ist also groß. Vielleicht sollten wir daran denken, „Fürstenspiegel“ für demokratische Politiker zu schreiben. Aber da sie nicht unsere Fürsten sind, sollten wir zuerst selbst in den Spiegel schauen, bevor wir ihn unseren Repräsentanten vorhalten.

Kann man ein erfolgreicher Politiker und zugleich ein moralischer Mensch sein? Wenn die Frage bedeutet: Kann man ein erfolgreicher Politiker sein, auch wenn man sich in seinem Handeln von der Verantwortung für das Gemeinwohl leiten läßt und seine Amtspflichten nicht verletzt? – so lautet die Antwort, zumindest im Kontext des demokratischen Rechtsstaats: Ja, man kann beides sein. Die Versuchung zum Machtmißbrauch mag groß sein – das hängt von den objektiven Bedingungen und vom Charakter des Politikers ab –, aber man kann ihr widerstehen. Der Ruf eines integren Menschen trägt sogar meist zum politischen Erfolg bei. Wenn die Frage dagegen bedeutet: Kann man als Politiker, der seine Pflicht tut, immer die Gebote der Moral befolgen? Muß man nicht zuweilen, um eines höheren Zweckes willen, moralische Prinzipien verletzen? – so ist sie viel schwerer zu beantworten. Hier handelt es sich um das Problem der „schmutzigen Hände“, wie es Sartre in seinem gleichnamigen Stück so eindrucksvoll behandelt. Es ist das Problem des moralischen Dilemmas im politischen Handeln.

b) Das Problem des moralischen Dilemmas in der Politik

Machiavelli war der erste, der das Problem der „schmutzigen Hände“ in aller Deutlichkeit formuliert und auf anscheinend unmoralische Weise gelöst hat. Sein „Principe“ war eine bewußte Provokation, denn in den weitverbreiteten „Fürstenspiegeln“ der Renaissance wurde das herkömmliche Konzept der Ordnung durch Vernunft und Tugend des Herrschers in immer neuen Varianten vertreten[9]. Dieses Konzept erschien Machiavelli unter den Umständen seiner Zeit als ganz unrealistisch. In einer Zeit des Verfalls, d. h. der Zersplitterung staatlicher Einheit und der Korruption der Sitten, gibt es keine Alternative zur Alleinherrschaft eines Fürsten, und dessen Macht ist der einzige Garant der Ordnung. Die Machterhaltung wird damit zum obersten Zweck der Politik. Die klassischen und christlichen Tugenden, die dem Herrscher in den „Fürstenspiegeln“ angepriesen werden, sind dazu nicht die geeigneten Mittel. Erstens werden Alleinherrscher in der Regel kaum motiviert sein, solche Tugenden zu üben; vor allem aber würden sie damit nicht bewirken, was zur Erhaltung des Staates notwendig ist. „Ein Mensch, der immer nur das Gute tun wollte, muß zugrunde gehen unter so vielen, die nicht gut sind. Daher muß ein Fürst, der sich behaupten will, auch imstande sein, *nicht gut* zu handeln und das Gute zu tun und zu lassen, wie es die Umstände erfordern."[10] D. h. er tut unter Umständen gut daran, zu lügen, statt die Wahrheit zu sagen; Verträge zu brechen, statt sie zu halten; grausam zu strafen, statt das übliche Strafmaß anzuwenden oder Milde walten zu lassen. Selbst Morde und Massaker sind auf diese Weise unter Umständen zu rechtfertigen.

Machiavelli hat in der Geschichte der politischen Theorien viel Kritik, aber auch Zustimmung erfahren. Fichte hat z. B. in seiner Machiavelli-Schrift dessen Position im wesentlichen verteidigt: „Da man weiß, daß politische Machtfragen nie, am wenigsten in einem verderbten Volke, mit den Mitteln der Moral zu lösen sind, so ist es unverständig, das ‚Buch vom Fürsten' zu verschreien. Machiavelli hatte einen Herrscher zu schildern, keinen Klosterbruder." Und Fichte hat diesen Gedanken, ähnlich wie spätere Theoretiker des Machtstaates, insbesondere für die Außenpolitik betont: „,. . . In seinem Verhältnis aber zu anderen Staaten gibt es weder Gesetz noch Recht, außer dem Recht des Stärkeren", was von Fichte als „höhere sittliche Ordnung" über der individuellen Moral angesehen wird[11].

Ich meine, Machiavelli hat recht, wenn er darauf hinweist, daß sich das Problem von Macht und Moral unter verschiedenen äußeren Bedingungen auf ganz unterschiedliche Weise stellt; und daß in Zeiten der Auflösung einer sozialen Ordnung, besonders in Zeiten des Kriegs oder Bürgerkriegs, der Politiker Entscheidungen zu treffen hat, die er wegen der Komplexität der Materie und der Unabsehbarkeit der Folgen als sehr schwierig oder sogar als tragisch empfindet. Ich meine aber, daß Machiavelli unrecht hat und eine in ihren Konsequenzen schädliche Auffassung vertritt, wenn er behauptet, der Politiker müsse in solchen Situationen immer wieder das „Schlechte" tun. Ich glaube, daß diese Position, die auf einer falschen ethischen Prämisse beruht, unvermeidlich zu der Maxime führt: Der Zweck heiligt die Mittel; genauer: Ein guter Zweck heiligt alle – auch die schlechtesten – Mittel, sofern sie zur Erreichung des Zwecks geeignet sind.

Wenn Machiavelli schreibt, der gute Herrscher müsse unter Umständen das Schlechte tun, so denkt er – wie seine Beispiele zeigen – offenbar an einfache Gebote oder Verbote wie „Du sollst nicht töten", „Du sollst nicht lügen", „Versprechen sind zu halten", „Sei friedfertig!", „Laß Milde walten!" usw. „Das Schlechte tun" bedeutet für ihn soviel wie „solche Gebote und Verbote nicht befolgen"[12]. Nun hat Machiavelli sicher recht, wenn er davon ausgeht, Politiker seien zuweilen gezwungen, zu töten oder töten zu lassen, zu lügen, Versprechen nicht zu halten, Krieg zu führen und streng zu strafen. Er hat unrecht, wenn er annimmt, sie täten damit unbedingt das Schlechte, würden schuldig, gerieten in ein moralisches Dilemma. Denn sofern sie gute moralische Gründe dafür haben, tun sie genau das Richtige. Und es gibt gute moralische Gründe dafür, unter bestimmten Umständen zu töten (z. B. im Fall der Notwehr oder Nothilfe), zu lügen (um einem Menschen das Leben zu retten), ein Versprechen nicht zu halten (wenn es unter Zwang gegeben wurde) oder Krieg zu führen (im Fall der Landesverteidigung).

Die einfachen Gebote und Verbote, von denen Machiavelli ausgeht, sind relativ ungenaue Richtlinien unseres moralischen Bewußtseins, die für den Normalfall der friedlichen Kommunikation und Kooperation als Orientierung dienen können. Sie stehen unter allgemeinen ethischen Prinzipien, die ihre Anwendungsbedingungen präzisieren und auch für den Konfliktfall Kriterien des moralisch richtigen Handelns angeben. Prinzipien einer Theorie des legitimen Tötens, wie ich sie oben angedeutet habe, können hier als Beispiel dienen.

Ebenso wie die Individualethik für den Fall eskalierender Konflikte und Aggressionen Regeln zu formulieren sucht, so auch die politische Ethik für das Handeln der Machthaber in Zeiten des staatlichen Notstands. Solche Regeln finden in den verfassungsrechtlichen Bestimmungen des Notstands oder in den völkerrechtlichen Regeln des Kriegsrechts ihren konkreten Ausdruck. Wenn wir z. B. überlegen, welche ethischen Prinzipien dem „ius in bello" zugrunde liegen, so finden wir als Grundprinzip, daß auch der Feind ein Mensch ist und als solcher gewisse – wenn auch minimale – Grundrechte besitzt. Er hat vor allem ein Recht auf Leben, sofern er nicht zu einer kämpfenden Einheit gehört oder kampfunfähig oder kampfunwillig ist. Daraus lassen sich unsere moralischen Überzeugungen ableiten über die Rechte von Zivilisten, von Kriegsgefangenen, von Verwundeten, von Soldaten, die sich ergeben wollen. Daraus folgt z. B. das Verbot, Gefangene zu erschießen, auch wenn sie den Rückzug gefährden; sie zu foltern, auch wenn sie Geheimnisse preisgeben könnten, die für den Sieg der eigenen Seite wichtig wären.

Der Sinn solcher Regeln für den Notstand besteht darin, daß es den Handelnden gerade in ungewöhnlichen und extremen Entscheidungssituationen nicht überlassen werden kann, auf Grund utilitaristischer Abwägungen im Einzelfall jeweils neu zu entscheiden, worin das geringere Übel besteht. Man gibt ihnen ethisch-rechtliche Prinzipien an die Hand, die zwar vom einzelnen Politiker als unbequeme Einschränkung seines Handlungsspielraums empfunden werden können, die aber – weil sie verhindern, daß Konflikte beliebig eskalieren – im langfristigen Interesse aller Beteiligten liegen.

Wer dagegen wie Machiavelli davon ausgeht, daß die einfachen Gebote und Verbote der Moral keine bindenden Richtlinien des politischen Handelns sein können, aber auch keine ethischen Prinzipien kennt, die die

Hände des Herrschers binden könnten, der überläßt die Politik der reinen Logik des Machtkalküls. Wenn der Politiker sowieso nicht dem moralischen Dilemma entgeht, das Schlechte tun zu müssen, warum sollte er dann nicht jedes beliebige Verbrechen begehen, sofern es dem eigenen Machtstreben dient? Der Gedanke des moralischen Dilemmas, der zunächst die Entscheidungsprobleme des Politikers besonders deutlich zu erfassen scheint, trägt letzten Endes nichts zu einer moralischen Eingrenzung der Politik bei.

Aber vielleicht sollten wir von den Extremsituationen wie Krieg und Bürgerkrieg einmal absehen und die im Moment für uns realistischere Frage stellen, ob nicht auch für den Politiker im demokratischen Rechtsstaat Situationen denkbar sind, in denen er nicht umhin kann, Dinge zu tun, mit denen sein moralisches Bewußtsein nicht übereinstimmt.

Verlangt nicht die Politik, gerade in pluralistischen Demokratien, ständig moralische Kompromisse? Muß der Politiker nicht, um an der Macht beteiligt zu sein, seine eigenen moralischen Überzeugungen verleugnen oder hintanstellen? Wenn er z. B. zu einer Partei gehört, die mehrheitlich – aus ethischen Gründen – eine Novellierung des Abtreibungsparagraphen anstrebt, die aber nur an die Regierung kommen kann durch Koalition mit einer anderen Partei, die dazu nicht bereit ist, macht er sich nicht die Hände schmutzig, indem er an der Macht bleibt? Muß er nicht auch in der Sicherheitspolitik, in der Umweltpolitik und auf anderen Gebieten von höchster moralischer Brisanz als aktiver Politiker in der Demokratie ständig Kompromisse schließen und Mehrheitsentscheidungen akzeptieren? Wäre daraus nicht umgekehrt die Konsequenz zu ziehen, daß er sich, um seine moralische Integrität zu wahren, am besten ganz aus der Politik zurückzieht?

Das sind schwierige Fragen, die gewiß nicht mit ein paar Sätzen befriedigend zu beantworten sind. Der entscheidende Punkt scheint mir aber der zu sein: In einer freiheitlichen Ordnung auf moralische Kompromisse einzugehen, ist kein schmutziges Geschäft, sondern Ausdruck der Gerechtigkeit dieser Ordnung. Ich will diese These kurz erläutern: Welcher Begriff von Gerechtigkeit wird hier vorausgesetzt? Was bedeutet „moralischer Kompromiß" in der Politik?

Hinter der hier vertretenen Auffassung steht die Idee der Gerechtigkeit als Fairneß, nach der das entscheidende Kriterium für die Gerechtigkeit sozialer und politischer Verhältnisse darin gesehen wird, daß alle Individuen und Gruppen als freie und gleiche Rechtssubjekte an ihrer Gestaltung teilnehmen können (sofern sie dem Grundgedanken eines fairen Verfahrens zustimmen). In einer Gesellschaft, die als ein System der fairen Kooperation gedeutet werden kann, muß es Konsens über Grundwerte und Grundfreiheiten geben, aber daneben auch die öffentliche Diskussion und das politische Ringen um konkurrierende Interessen und alternative Wertvorstellungen. Es ist gut, an diesen Diskussionen und am politischen Leben teilzunehmen, um die freiheitliche Ordnung mit Leben zu erfüllen und so viel wie möglich von den eigenen Überzeugungen durchzusetzen. „Moralischer Kompromiß" bedeutet dabei nicht, auf eigene Überzeugungen zu verzichten oder sie zu verwässern; es bedeutet, sich bei ihrer *Durchsetzung* mit dem zu begnügen, was derzeit mehrheitsfähig ist. Eine freiheitliche Ordnung macht es ja andererseits möglich, weiterhin für die eigenen Überzeugungen einzutreten, um Mehrheiten zu gewinnen. Was sich mit dieser Konzeption von Gerechtigkeit und Kompromißbereitschaft allerdings nicht verträgt, ist jeder Versuch, die eigenen moralischen Überzeugungen den anderen gegenüber mit Gewalt durchzusetzen, etwa um mit Hilfe einer Tugend- und Erziehungsdiktatur das Ärgernis des Pluralismus zu beseitigen. Hinter diesem Bekenntnis zum Pluralismus steht nicht etwa ein allgemeiner Fallibilismus, also die Auffassung, daß man über die Wahrheit moralischer Überzeugungen sowieso nichts Definitives ausmachen könne. Im Gegenteil steht dahinter die Überzeugung von der Wahrheit einer Theorie der Gerechtigkeit als Fairneß[13].

Ich komme zum Schluß. Das Thema meiner Ausführungen hieß: „Politisches Handeln zwischen Macht und Moral: Ein Grundproblem der politischen Ethik". Eigentlich stellt das Verhältnis von Macht und Moral in zweifacher Weise ein Problem für die politische Ethik, d. h. für eine normative Theorie der Politik, dar. Wenn Macht und Moral nichts miteinander zu tun hätten, wenn sich Politik als Machtkampf in einem moralfreien Raum bewegte, so hätte die Ethik nichts über Politik zu sagen; zumindest nichts, was für den Politiker von irgendeiner praktischen Relevanz wäre. Insofern ist die Frage nach dem Verhältnis von Macht und Moral zugleich die Frage nach der Möglichkeit politischer Ethik überhaupt. Auf der anderen Seite stellt sich die Frage nach dem Verhältnis von Macht und Moral als ein Problem innerhalb der politischen Ethik. Eine Theorie des moralisch richtigen Machtgebrauchs wäre die Antwort auf diese Frage.

Es ist, meine ich, klargeworden, daß zwischen Macht und Moral keine scharfe Trennungslinie verläuft, daß sich Politik in einem Spannungsfeld von Macht und Moral bewegt und daß eine moralphilosophische Beurteilung von Politik auch praktisch relevant sein kann. Das gleiche läßt sich von einer Theorie des moralisch richtigen Machtgebrauchs nicht sagen, sie ist allenfalls in Umrissen deutlich geworden. Ich habe versucht, einige Voraussetzungen für eine solche Theorie zu klären, einerseits durch methodologische Überlegungen über ethische Theoriebildung, andererseits durch Klärung des Begriffs „Machtmißbrauch" und des Gegenbegriffs eines „verantwortlichen politischen Handelns".

Ich wollte zeigen, daß es in der Politik unendlich schwierige Entscheidungen geben kann, aber daß es nicht sinnvoll ist, solche Entscheidungssituationen als moralische Dilemmata zu bezeichnen, weil dadurch der Eindruck der Ausweglosigkeit und Beliebigkeit erweckt und die Einsicht verdrängt wird, daß es auch für Ausnahmesituationen und Notfälle Normen des politischen Handelns gibt. Sinnvoll ist es dagegen, von der Notwendigkeit moralischer Kompromisse in der Politik zu sprechen (Kompromisse, die sich nicht auf die moralischen Überzeugungen selbst, sondern auf ihre praktische Durchsetzung beziehen). Für solche Kompromisse gibt es – das habe ich zuletzt angedeutet – gute Gründe, wenn man eine Theorie der Gerechtigkeit als Fairneß voraussetzt.

Ist die Politik ein schmutziges Geschäft? Gewiß, aber auch nicht schmutziger als andere Geschäfte. Mir ging es hier nicht darum, einen Beitrag zur empirischen Schmutzforschung zu leisten, sondern Kriterien des richtigen Machtgebrauchs zu entwickeln.

Anmerkungen

[1] *Wallensteins Tod.* Zweiter Aufzug, zweiter Auftritt.

[2] *Les mains sales.* Fünfter Akt. Paris 1948, S. 194.

[3] Montesquieu: „De la politique." In: Œuvres complètes, éd. Pleiade, Band I, Paris 1949, S. 112.

[4] H. Treitschke: *Politik,* Band. I, 1897, S. 110.

[5] Diese Frage stellt F. W. Foerster, kurz vor Ausbruch des Ersten Weltkrieges, in seiner *Politischen Ethik* (1913), Recklinghausen 1956, S. 27.

[6] Z. B. Michael Walzer: „Political Action: The Problem of Dirty Hands". In: *Philosophy and Public Affairs,* Band II (1972/73).

[7] Z. B. von Montesquieu, wenn er – Hobbes zustimmend – schreibt, daß „jeder, der über Macht verfügt, dazu neigt, sie zu mißbrauchen; er wird darin so weit gehen, wie er nicht auf Schranken stößt" (De l'esprit des lois, Buch XI, Kap. 4).

[8] Vgl. eine Zusammenfassung bei Paul Noack: *Korruption – die andere Seite der Macht,* München 1985.

[9] Sehr einleuchtend die Interpretation Machiavellis im Vergleich zu den „Fürstenspiegeln" seiner Zeit bei Q. Skinner: *Foundations of Modern Political Thought,* Cambridge 1980, Band I, Kap. 5.

[10] Machiavelli: *Il Principe,* Kap. 15.

[11] Fichte: „Über Machiavelli als Schriftsteller". In: *Fichtes Werke,* Band XI, Berlin 1971, S. 401–453, insbes. S. 427.

[12] Vgl. dazu Hans Buchheims Interpretation: „Anmerkungen zu Machiavellis ‚Il Principe'." In: *Der Staat* (erscheint demnächst).

[13] Vgl. dazu John Rawls: „Justice as Fairness", in: *The Philosophical Review* 57 (1958). Dt. in: J. Rawls: Gerechtigkeit als Fairneß, Freiburg/München 1977. Umfassend entwickelt Rawls seine Theorie erst in *A Theory of Justice,* Cambridge, Mass. 1971. Die neueste Präzisierung seiner Grundintuition gibt Rawls in „Justice as Fairness: Political not Metaphysical". In: *Philosophy and Public Affairs,* Band 14, Nr. 3, Sommer 1985, S. 223–251.

Intellektuelle zwischen Macht und Moral

Klaus Harpprecht

Vielleicht ließ ich mich ein wenig zu eilig auf die Formulierung ein, die mir ein hilfreicher Geist als Titel für die hier angesagten Überlegungen vorschlug: Macht und Moral. Das sind zwei einschüchternde Begriffe. Ihre spannungsreiche Beziehung werden wir, beim besten Willen und trotz aller Anstrengungen, in ein paar freundlichen Salzburger Stunden nicht ausloten können. Sie bezeichnen ein Menschheitsthema, das man im Bannkreis der deutschen, der mitteleuropäischen Geschichte zu Recht als eine bittere Last empfindet, die wir so rasch nicht abzuschütteln vermögen. Sie soll nicht aus der Welt geredet werden. Im Gegenteil: Wir werden versuchen, die Bürde aufzunehmen und ein kleines Stück Wegs voranzuschleppen.

Das wird uns freilich kaum gelingen, wenn wir noch vor dem Beginn der Arbeit in die Knie sinken, uns den Schweiß von der Stirn wischen und schwer atmend gestehen, der monströse Auftrag werde uns zu Boden drücken. Es empfiehlt sich, daß wir uns an Stendhal halten, den man mit einigem Recht eine frühe Verkörperung des modernen Intellektuellen nennen könnte, obschon er diesen Begriff nicht erfand, der erst zu Anfang unseres Jahrhunderts mit der Dreyfus-Affäre in Umlauf geriet. In einem seiner Briefe bemerkte er: „Illiberalität und dogmatische Intoleranz. Ich sehe in ihnen die Quelle aller Verbrechen."

Das hellsichtige Wort beschreibt eine Wurzel des Elends, das uns seitdem heimgesucht hat. Es bezeichnet auch die moralische Unabhängigkeit des Autors von jeglichem „System" – er verabscheute alle, gleich welchen Charakters – und vom Herrschaftsanspruch der Ideologien. Im Gang seines Lebens entdeckte er, daß er einem Stand zugehörte, der in keiner sozialen Ordnung einen festen Platz hat. Unerschrocken nannte er den eigenen Rang beim Namen: „Als der Abbé Sieyes mit seinem unsterblichen Pamphlet ‚Was ist der Dritte Stand? Wir liegen auf den Knien. Erheben wir uns!' den ersten Schlag gegen die politische Aristokratie führte, begründete er, ohne es zu wissen, die literarische Aristokratie."

Es brauchte eine gewisse Unbefangenheit, sich selber mit einer knappen Geste die Mitgliedschaft in einer neuen Elite zuzuweisen. Stendhal gebot über jene Gabe, die ich vor einigen Jahren in einer kleinen Arbeit über diesen sensiblen und hochmütigen Menschen „die zweite Unschuld" nannte – die reparable Virginität, die vielleicht das liebenswürdigste Geheimnis des Künstlertums ist: eine listige Naivität (man erlaube das Paradox), der man lieber nicht zu leicht vertraut. Sie macht sich so schnell niemanden untertan. Sie nimmt sich Freiheiten, die biedere Loyalitäten nicht zulassen. Sie ist keinem treu – außer sich selbst, dem eigenen Gewissen und den Empfindungen der „klugen Nerven", von denen Stefan Zweig mit dem Blick auf Stendhal sprach. Sie hat darum auch oft genug das Odium der Unzuverlässigkeit auf sich zu nehmen. Stendhal haßte die Büttel der Reaktion. Doch schon als Zwanzigjähriger bemerkte er, alle Revolutionen sähen sich „von weitem großartig an und aus der Nähe unendlich traurig". Mit einer zynischen Ehrlichkeit, die man manchem unserer Eiferer wünschen würde, sagte er 1830: „Ich verabscheue die Canaille, aber gleichzeitig wünsche ich ihr unter dem Namen Volk jedes Glück."

Man zögert, diesen großen Schriftsteller einen Moralisten zu nennen. Dennoch fand er in Nietzsche, dem antimoralistischen Erzmoralisten, seinen aufmerksamsten und passioniertesten Leser. Er selber nannte sich einen „Beobachter des menschlichen Herzens": die Umschreibung seiner lebenslangen Faszination durch die Komplexität der menschlichen Natur und der Gesellschaft. Darin ist er Heinrich Heine verwandt, den Jürgen Habermas in einem bewundernswerten Vortrag als den „Protointellektuellen" beschwor, in dessen Gestalt das „Geschick der Intellektuellen in Deutschland" vorgezeichnet war. Stendhal schrieb, wie Heine, in der Tradition der Aufklärung. Die politische Virulenz, die bei Heine unmittelbar und heftiger war, ergab sich aus den Energien ihres Künstlertums, das mehr umgriff als Manifestationen der Politik, die nur die Spitze des Eisbergs ihrer Existenz darstellte: die Aktualisierung der gesellschaftlichen und geistigen Bewegungen, mit und aus denen sie lebten.

Mit einem schönen Wort sagt Habermas: „In der Welt des Intellektuellen ergänzt eine politische Kultur des Widerspruchs die Institutionen des Staates." Doch freilich: nicht nur des Staates, sondern mit gleichem Recht und aus gleicher Notwendigkeit die der Kirchen, der Wirtschafts- und Arbeitsorganisationen, auch – das ist dringend zu hoffen – jene seines eigenen Umfelds, nämlich der Wissenschaft und Kultur, der Hochschulen, der Akademien, des Verlagswesens, der sogenannten Medien.

Die Gegenwelt des Intellektuellen steht im Widerspruch zu den etablierten Mächten. Sie ist generelle Opposition, die sich von der institutionalisierten, der parlamentarischen Opposition der Parteien nicht abhängig macht. Sie wird Übereinstimmungen nicht scheuen. Sie wird der Parteien-Opposition sogar dann und wann ihre Stimme leihen. Doch sie wird – auf Gefahr des Charakter- und Wirkungsverlustes – bei keiner Partei, in keinem Amt, in keiner Gewerkschaft unterkriechen dürfen. Berührungen braucht sie nicht zu scheuen, im Gegenteil: Sie mag sie, sofern sie ihrer selbst sicher ist, mit einer aufmerksamen Lust an Partnerschaften suchen. Für eine völlige Identifikation indes bezahlt sie einen hohen Preis.

Nun sind die deutschen Intellektuellen – von denen rede ich vor allem, denn zu ihnen gehöre ich, wenn denn irgendwohin –, diese nahen und fernen Weggenossen, von Berührungsängsten nicht frei. Dafür mag verantwortlich sein, daß unsere „Intellektuellenschicht", wie sie von Habermas etwas fragwürdig benannt wird, angeblich noch jung ist, denn – um noch einmal Habermas zu zitieren – „in Deutschland hat das intellektuelle Selbstverständnis Heines erst nach 1945 traditionsbildend gewirkt".

Mit anderen Worten: Das Mißtrauen gegen die „intellektuelle Zersetzung", das tief im teutonischen Charakter eingewurzelt war (und womöglich noch ist), mußte sich mit der Katastrophe der nazistischen Diktatur selber ausbrennen. Der Furcht des Bürgertums vor „dem Geist, der stets verneint", entsprach freilich der intellektuelle Verdacht, daß jegliche Macht, daß die Macht an sich böse und darum zu meiden ist. Der apolitischen und antipolitischen Bürgergesinnung, die Thomas Mann so glänzend mit der Formel von der „machtgeschützten Innerlichkeit" umschrieb, begegnete oft genug ein intellektueller Protest, der in seinem tiefsten Wesen eine Auflehnung gegen die Politik, die Gesellschaft, die Macht war. Sie hing – während sie sich gegen die Parteien, gegen Bonn, gegen die Minister, die Abgeordneten, die Funktionäre und Bonzen ins Zeug legte – heimlichen Träumen von einer idyllischen Harmonie aller mit allen nach: der „Systeme", der Klassen, des Menschen und der Natur. Man horche nur auf die Lieder der Kabarettisten, wenn sie sentimental von den Sehnsüchten ihrer Seelen singen und sangen. Im Waldesgram der Grünen, in ihren zivilisationsfeindlichen Anfechtungen, die mit dem jugendbewegten Kulturhochmut der Großväter und Urgroßväter nicht nur entfernt verwandt sind, in der Distanz von allem vermeintlichen oder tatsächlichen Amerikanismus, der Besinnung auf die „inneren Werte" und dem Verlangen nach einem biedermeierlichen Winkelglück: In all diesen so grunddeutschen Regungen meldet sich auch wieder die grunddeutsche Absage an die Politik. Links wie rechts wogt bei uns wohl noch immer die Erwartung nach der seligen Utopie, die verspricht, daß wir eines Tages durch eine Welt wandeln dürfen, in der die Lämmer neben den Löwen liegen. Die Macht aber ist es, die zwischen uns und dem Paradies ihre finsteren Mauern aufgerichtet hat.

Es liegt nahe, danach zu fragen, aus welchen religiösen Quellen sich ein solches Bild unserer Welt wohl nähren mag. Gehen wir ganz in der Irre, wenn wir uns der utopischen Schwärmer des späteren Mittelalters und der Reformationszeit erinnern? Trügt die Witterung, die uns auf die Glaubenswut der protestantischen Sekten und die brütende Inbrunst der Pietisten aufmerksam macht? Es ist kein Zufall, daß uns Bismarcks beinahe schizophrene Doppelexistenz in den Sinn gerät: sein brillanter Zynismus, der dem gottesfürchtigen Eifer so lebhaft widersprach, die oft täglichen Zerreißproben, denen er in der Spannung zwischen dem Machtpolitiker par excellence und einem Geist von hohem – und wahrhaft intellektuellem – Inhalt ausgesetzt war, die hysterischen Ausbrüche, mit denen er sich die Unverträglichkeit aus der Seele weinte . . .

Ein ausgeglichenes Verhältnis zur Macht kann man ihm nicht nachsagen. Jene Verkrampfung hatte er mit den Intellektuellen gemein, die eher in die Ohnmacht verliebt waren (und sind). Daß Macht weder gut noch böse ist, sondern ein natürliches Phänomen, das sich zum Guten und Bösen nützen läßt: Diese Einsicht scheint uns selten zuteil geworden zu sein, und es fiel uns allemal schwer, sie zu akzeptieren. Jenes gelassene und, wenn man will, undeutsche Verhältnis zur Macht verschaffte Adenauer seine so verstörende Überlegenheit gegenüber den Gegnern in der eigenen Partei und gegenüber seinem Widersacher Kurt Schumacher, der eher dem Typus des intellektuellen – und protestantisch-preußisch geprägten – Politikers zugeordnet werden muß. Allerdings scheiterte der Erzkanzler der Bundesrepublik, als er die intellektuelle Gegenwart in der „Spiegel"-Affäre herausforderte: Ihr war, fast zur eigenen Überraschung, eine Eigenmacht zugewachsen, die in einer erstaunlichen Solidarität der sogenannten öffentlichen Meinung verankert schien. Man durfte die Macht- und Charakterprobe jenes Konfliktes als eine Etappe auf dem Fortschritt zur „Normalisierung" der Deutschen betrachten, die in vieler Hinsicht als die entscheidende Leistung der Ära Adenauer gelten kann.

Die deutschen Intellektuellen waren auf ihre Weise, das soll nicht verschwiegen werden, auf dem „deutschen Sonderweg" durch unser Jahrhundert mitgestolpert. Sie blieben von der Krankheit nicht verschont, die sich in den Jahrzehnten nach 1870 in den Gemütern festgefressen hatte: Ein verletztes bäuerliches Volk rieb – die Stichworte sind wieder aktuell – seine Seele an der Fremde und Gewaltsamkeit einer gleichsam über Nacht technisierten Zivilisation wund. Ihre Normen schienen schwerer auf uns zu lasten als auf den Nachbarn im Westen. Wir schienen die Gefangenschaft der Städte schmerzlicher zu empfinden, und wir verkrampften uns tiefer unter dem Zwang der Anpassung an Urbanisierung und Mietbehausung, ans Reglement der Lohnarbeit. In dieser dumpfen Welt der chronischen Kränkung gedieh wohl jene kollektive Neurose, die – wie wir sehen – noch immer nicht völlig aus den Verstecken und Kellern der Nation verscheucht ist, die lauernde Gereiztheit, die auf das leiseste Signal öffentlicher Hysterie reagiert, die schwelende Dauerempörung, die sich keuchend Luft verschaffen will.

Wir ertrugen die Normalität in der Tat nur seufzend. Wir hungerten stets dem Außerordentlichen entgegen, dem Ausnahmezustand, in dem die

Alltäglichkeit erlischt, den Sensationen, die Gewohnheiten außer Kraft setzen, ja selbst den Ängsten, die dem geknebelten Ich die Chance bieten, außer sich zu geraten, den Kriegen, den Katastrophen, die den „ganzen Menschen fordern", wie eine verräterische Sprache sagt, klammheimlich selbst dem Terror, der es uns erlaubt, nach den Feinden in unserer Mitte Ausschau zu halten.

Es verhält sich nicht so, daß die „Intellektuellenschicht", von der Habermas spricht, an jenen generellen Neurosen keinen Anteil gehabt hätte. Jünglinge und helle Maiden, die sehr wohl zu den Intellektuellen zählten, zogen hinter den Fähnlein der rechten und linken Jugendbewegung drein. Sie verweigerten sich 1914 keineswegs der Kriegsbegeisterung, die ein Ausbruch kollektiven Wahnsinns war, sondern schrieben mit fliegenden Federn Haßgedichte und Vernichtungsbotschaften an die britische, die französische, die russische Adresse, unter deren Peinlichkeit wir uns bei der Lektüre heute noch winden. Geht es denn an, knapp und bündig zu behaupten, es habe sich in Deutschland „bis zum Ersten Weltkrieg keine mit Heine verwandte Intellektuellenschicht" entwickelt? Ich fürchte, es gab sie wohl: Sie hieß nur anders. Sie war zu schwach. Sie hat versagt. Viele, die ihr zugehörten, liefen zum Gegner über.

Vielleicht gerät man zu der verkürzenden Interpretation, die bis 1945 nur „potentielle Intellektuelle" gelten lassen will, wenn man die „Intellektuellen-Schicht" zu strikt von der Gesellschaft isoliert, aus der sie stammt und mit der sie lebt. Die Grenzen sind fließend. Man kann sie nicht mit souveräner Willkür festlegen. Heinrich Heine ist für die Geschichte der intellektuellen Opposition in Deutschland ohne Zweifel der wichtigste Richtpunkt. Er ist indes nicht der einzige. Frankreich hat seit dem Triumph des intellektuellen Widerstandes in der Dreyfus-Affäre die Übergänge zwischen der Welt der Macht und der Welt des intellektuellen Widerspruches meist offengehalten (das Interregnum von Vichy ausgenommen). Hörte Clemenceau – der übrigens den Deutschen nachsagte, sie liebten das Leben nicht –, hörte dieser leidenschaftliche Parteigänger Zolas auf, ein Intellektueller zu sein, als er die Zügel der Macht in seine Fäuste nahm, die sich als eisern erwiesen? (Er druckte, wie man sich erinnern mag, das Pamphlet „J'accuse" in seiner Zeitung „Aurore".) Fühlte er sich am Ende gezwungen, härter, kälter, brutaler in der Machtausübung zu sein, *weil* er alle Verletzlichkeiten einer intellektuell geformten, ja in gewisser Hinsicht künstlerischen, sensiblen Persönlichkeit durchs Leben trug?

Wie steht es mit der Machtausübung der Intellektuellen überhaupt? Wissen sie ihre Empfindsamkeit als ein Alarmsystem zu nutzen, das sie vor den besonderen Gefahren der Machtverwaltung warnt? Oder betrachten sie – früher oder später – die Wachheit von Nerven und Gewissen eher als

Schwäche, gegen die sie sich verhärten? Friedrich der Große, mit dem sich Rudolf Augstein aus völlig einsichtigen Motiven so intensiv auseinandersetzte, verstand es sehr wohl, seine intellektuellen und künstlerischen Passionen in Schach zu halten, als er in die Kriege zog. Ein Hauptantrieb seines Handelns war gewiß sein Wunsch, vor aller Welt (und vor dem Gedächtnis des tyrannischen Vaters) zu widerlegen, daß er ein Schwächling sei. Er scheute nicht vor den Gemetzeln zurück, die er in seinem „Antimachiavell" so drastisch denunziert hatte. War er ein Heuchler? Ein ruhmsüchtiger Verräter der eigenen Ideale? – So einfach geht es nicht zu. Der aufgeklärte Despotismus des Alten Fritz diente – an den Zuständen der Umwelt gemessen – trotz aller abschreckender Häßlichkeiten des Regimes durchaus dem Wohl des Volkes und (man sagt es mit Vorsicht) gewissen Fortschritten der Humanität. Es läßt sich aber auch nicht leugnen, daß der Moralismus seiner Jugend von einem verhärteten Machtwillen verdrängt wurde.

Man mag auch, um unser Jahrhundert zu mustern, in diesem Zusammenhang an Henry Kissinger denken, den Intellektuellen par excellence, von dem nicht behauptet werden kann, daß er seine Bildung und seine Talente an der Garderobe des Weißen Hauses abgegeben habe, als er das Amt eines Sicherheitsberaters des Präsidenten übernahm. War er den Lockungen und Verführungen der Macht immer gewachsen? Hat er sich ihrer stets mit den Skrupeln bedient, die man von einem Mann seiner Herkunft erwartete? Oder war sie ihm auch ein Instrument, mit dem sich beweisen ließ, was aus einem Emigrantenkind, einem kleinen Professor, einem brillanten Stilisten in diesem Leben alles werden kann? Hat sein Nachfolger Brzezinski – auch er ein Professor – stets der Versuchung widerstanden, gleichsam eine altpolnische Ritterrüstung anzulegen und den Russen im Glanze strahlender Männlichkeit entgegenzusprengen? War sein Kult einer „harten Politik" nicht die klassische Überkompensation des eher weichen Intellektuellen?

Die Anfälligkeiten lassen sich womöglich noch drastischer an einem weniger prominenten Beispiel aufzeigen. Georg Forster, der Weltumsegler und Literat – ein großer Aufklärer, der als „Verräter" aus dem Gedächtnis der Deutschen getilgt wurde –, übte einige Wochen lang in der unglücklichen Mainzer Republik von 1793 eine bescheidene Macht aus, nach der sich dieser verletzliche und eher scheue Mann nicht gedrängt hatte. Die Bürger des winzigen rheinischen Staatswesens, das über Nacht unter der Aufsicht der französischen Eroberer aus dem Boden gestampft worden war, sollten in freier Wahl ihre Deputierten für die Nationalversammlung wählen. Sie bewiesen dafür nur geringe Neigung, da sie nicht völlig zu Unrecht vermuteten, die Republik sei zuletzt doch nur ein Spielzeug in den Händen der Besatzung. Einige der eingesessenen Aristokratengeschlechter zögerten nicht, das fragile Unternehmen zu sabotieren. Forster wurde als Kommissar ins pfälzische Land entsandt, um sich der Loyalität der Bürger und Bauern zu versichern. Mit einem Widerstand konfrontiert, den er zuvor nicht genau genug berechnet hatte, verlor dieser grundgütige Mensch die Nerven. Er drohte mit barbarischen Strafen, ließ die renitentesten Widersacher verjagen, beschlagnahmte – wozu er kein Recht hatte – den Besitz von aufsässigen Adeligen, zog Zorn und Haß jener biederen Landleute auf sich, die er für die Revolution zu gewinnen trachtete: Kurz, er stolperte über die eigenen, mit so heller Stimme verkündeten Grundsätze, machte bei der ersten Konfrontation mit dem Volk moralisch Bankrott – und richtete so gut wie gar nichts aus. Das klägliche Bild greift ans Herz: Der erste Ansatz zu einer deutschen Republik, einem Mann anvertraut, den man aus gutem Grund einen der nobelsten Geister seiner Epoche genannt hat, der überdies eine glanzvolle und moderne Prosa schrieb, die auf Heine vorauswies – die revolutionäre Ouvertüre endete mit einem so bitteren Versagen im zaghaften Umgang mit der Macht.

Lohnt es sich nicht, darüber nachzudenken, ob jenes Fiasko einige typische Züge trägt? Sind Intellektuelle – womöglich einer konstitutionellen Schwäche wegen – rascher bereit, vor der Macht das Gefühl des Maßes zu verlieren? Sollten sie sich darum vor einer Grenzüberschreitung hüten? Vor einigen Jahren kam ich mit einem Kollegen aus Ost-Berlin, der zwischen hüben und drüben mit virtuoser Selbstverständlichkeit einherwandelt, auf jenes Problem zu sprechen. Der flinke Geist warf behende ein, Lenin sei ein glückliches Beispiel für die Befähigung des Intellektuellen, die Macht auszuüben. Es kam jenem Zeitgenossen nicht in den Sinn, daß der Staatsterror just unter Lenin etabliert wurde, der überdies die aufständischen Kronstädter Matrosen ohne Gnade niederschießen ließ. Er schien auch niemals darüber nachgedacht zu haben, ob es der schiere Zufall war, daß die eigentliche Macht noch zu Lenins Lebzeiten in die Hand des robusten Georgiers Stalin fiel, den intellektuelle und moralische Skrupel gewiß niemals aufhielten.

Wiederum mag Lenin die sensible Intelligenz eher eine Last gewesen sein. Der große Romancier Roger Martin du Gard äußerte irgendwann spielerisch den Gedanken, er würde gern einen Kopf wie Raymond Aron zum republikanischen Diktator ernennen, doch fast im selben Augenblick nahm er den Einfall mit dem Argument zurück: „Nein, er ist zu intelligent, um zu regieren.“ Das ist ein Vorwurf, der de Gaulle nicht treffen konnte. Der General verfügte über alles Rüstzeug des Intellektuellen. Außerdem über eine moralische Sensibilität, die er selten verriet. Er hatte die Generosität, neben sich einen irritierenden Geist wie André Malraux zu dulden. Damit setzte er einen Maßstab für das intellektuelle Niveau, das er von seiner Fünften Republik erhoffte. Der Präsident vergaß dabei kaum, daß Malraux seinen politischen Weg weit im linken Feld begonnen hatte. In der Tat war der Dialog zwischen den linken und den rechten Intellektuellen in Frankreich niemals ganz abgebrochen. In seinem Buch „Les Intellectuels en France" erinnerte Pascal Ory daran, daß Léon Blum seinen Widersacher Maurice Barrès aufgesucht habe, um ihn zu einer Änderung seiner Haltung in der Affäre Dreyfus zu bewegen. Barrès schien sich den Argumenten des Gegners nicht völlig zu verschließen, und Blum bildete sich ein – ob zu Recht oder zu Unrecht –, daß er sich seine Wahl durch eine mühselige innere Debatte schwergemacht hatte, ehe er sich entschloß, dem „nationalen Instinkt" nachzugeben. Der Kritiker Poirot-Delpech fügte daran die Bemerkung, die Geschichte der französischen Intellektuellen lese sich, alles in allem, wie eine „Chronik der Empfindsamkeit".

Dies ist kein schlechtes Zeugnis – das wir der deutschen Entwicklung nicht ohne weiteres ausstellen könnten. Die Fronten sind in unseren Landen härter ausgezogen. Es wäre wohl undenkbar gewesen, daß in einem deutschen Verlagshaus während des Dritten Reiches ein prominenter Nazi und ein Mann des Widerstandes Tür an Tür gearbeitet hätten: Bei Gallimard in Paris residierte aber der Kollaborateur Drieu de la Rochelle als Chefredakteur der gleichgeschalteten „Nouvelle Revue Française" auf dem gleichen Flur wie Albert Camus, der die Untergrundzeitung „Combat" redigierte. Doch der Dialog zwischen Camus und Sartre war im kalten Krieg verstummt. Es läßt sich ohne Übertreibung sagen, daß in jenen Jahren, in denen das Gespräch der Intellektuellen nur noch einem Feldgeschrei von Lager zu Lager glich, die geistige Produktivität Frankreichs seltsam geknebelt zu sein schien. Manifeste traten an die Stelle der Auseinandersetzung: Zwischen 1858 und 1969 erschienen allein in den Spalten von „Le Monde" 488 Aufrufe. Sartre hielt mit der Unterzeichnung von 91 Petitionen die Spitze in der sogenannten „Race des Signeurs". Die Inflation der Proteste flößte einem Literaten vom Format Jouhandeaus ein solch melancholisches Gefühl der Vergeblichkeit ein, daß er den Barrikadenkämpfern im Mai '68 zurief: „Geht nach Haus! In zehn Jahren werdet Ihr alle Notare sein."

Ganz so kam es nicht. Man darf die Rebellen, die eine „Machtergreifung der Phantasie und der Intellektuellen" erträumt hatten, heute eher in den Rängen der Staatssekretäre und der Bankmanager suchen. Dank der großen Schulen bleiben die Geschicke der Intellektuellen und der politischen Klassen bis zu einem gewissen Grade ineinander verschränkt. Die Rollen widersprechen einander nicht permanent, ja sie erweisen sich von Zeit zu Zeit als auswechselbar. Die säuberliche Abgrenzung einer „Intellektuellenschicht" innerhalb der Gesellschaft ist in Frankreich nicht möglich. Sie scheint auch in der Bundesrepublik nicht realistisch zu sein.

Es ist nur vernünftig und gerecht, daß sich Habermas gegen Arnold Gehlens polemische Verengung des Begriffes der Intellektuellen auf Publizisten und Schriftsteller auflehnt und die von rechts her lancierte „Theorie der Neuen Klasse" der „Sinnvermittler" scharf zurückweist – leider ohne die pompös-prätentiöse Formel zu rügen, die aus der Tiefe des teutonischen Seelensumpfes aufgestiegen zu sein scheint. Der gewandelte Begriff der „Neuen Klasse" stammt im übrigen aus der Polemik der amerikanischen Neokonservativen, die wohl die ersten waren, die jene Formel von Milovan Djilas entlehnten. Sie meinten damit die Herren der Informations- und Meinungsindustrie, ob Intellektuelle oder Bürokraten, von denen sie behaupten, sie seien im Begriff, die Legitimität der überkommenen Institutionen zu gefährden: die Macht der „Medien" sei exzessiv geworden, und sie setze sich mitunter arrogant über die Autorität der gewählten Repräsentanten des Volkes hinweg.

Freilich vergaßen die amerikanischen Neokonservativen, die sich fast ausschließlich aus den Zirkeln der sozialistischen oder liberalen Linken rekrutierten, daß sie selber zu den Mitgliedern und Profiteuren der „Neuen Klassen" zählten. Es bleibt ihr Verdienst, daß sie auf ein Phänomen hinwiesen, das sich nicht so rasch beiseite wischen läßt: Macht definiert sich heute anders als vor einem halben, einem ganzen Jahrhundert. Sie erfüllt sich nicht länger nur in der Verfügung über die bewaffneten Streitkräfte, den Staatsapparat, die Banken und Industrien, die Gewerkschaften, die Parteien. Die „Medien" sind ein Machtinstrument erster Ordnung. Wer den Informations- und Meinungsfluß kontrolliert, besetzt in unseren Tagen den entscheidenden Kommandostand der Gesellschaft.

In diesem Bereich hat sich den Intellektuellen ein unmittelbarer Zugang zur Macht geöffnet, der ihnen neue Wirkungsmöglichkeiten erschließt und eine gewandelte Autorität verschafft. Die Neokonservativen in den Vereinigten Staaten haben diese Chance, die sie in ihren Händeln mit der liberalen Presse erspähten, unverzüglich genützt. Irving Kristol, der talentierte Star der Gruppe, gebietet heute über ein kleines Imperium von einflußreichen Publikationen und Denkanstalten (wie man die „think tanks" vielleicht übersetzen könnte).

Das Verständnis der „Neuen Klasse" sollte freilich breiter gefaßt werden. Bis heute gibt es keine Beschreibung, die den Inhalt der Formel genau genug faßt. Besitz und Reichtum, das ist gewiß, sind für die Zugehörigkeit zu dieser „Klasse" keine entscheidenden Kriterien. Produzenten von Mikrochips zum Beispiel haben im Bereich der Informationskontrolle lediglich eine dienende Funktion. Die sogenannten Programmierer, auch jene der höheren Ordnung, gehören eher zum Rand als zum Kern der „Klasse": Sie wirtschaften mit Materialien, die ihnen zugeteilt werden, schwelgen in statistischen Lüsten, sind Vor-, Zu-, Zwischen- und

Nachträger wie die Nachrichtenoffiziere der Armeen oder die mittleren Beamten des CIA. Macht besitzen sie kaum.

Man mag sogar fragen, ob die eigentlichen „Entscheidungsträger", um dieses geschwollene Wort zu zitieren, heutzutage über „Macht" im engsten Sinn des Begriffes verfügen. Wann, wo und wie oft vermag Präsident Reagan nach eigenem Urteil Entschlüsse fällen, die seiner Einsicht in das Richtige, das Notwendige, die all seinen Wünschen, Interessen und Überzeugungen ganz gemäß sind? Wie oft setzt er sich gegen seinen Stabschef Donald Regan durch? Wann, wo und wie oft bleibt ihm nichts anderes, als sich den Einsprüchen seiner Umgebung oder den Interventionen von gesellschaftlichen Gruppen oder Machtfaktoren im Staate zu beugen?

Es kann behauptet werden, daß die Abhängigkeit der Staatsleute, der Industrieregenten und hohen Militärs von den wahrhaft Informierten und Gebildeten größer ist als in allen vergangenen Epochen. Es wäre das schiere Wunder, wenn sich heute ein Clausewitz in den Rängen des amerikanischen (oder sowjetischen) Generalstabs fände. Köpfe mit jener Befähigung braucht es trotzdem. Man begnügt sich mit den Talenten, die außerhalb der Hierarchie parat sind. So stehen zum Beispiel die Generäle im Pentagon im Geiste stramm, wenn ein Erzzivilist wie der Militärkritiker Edward Luttwak zu einem Vortrag über die gebotene Reform der Streitkräfte ausholt. Im Unterschied zu seinen Zuhörern hat Luttwak keine der „richtigen Schulen" besucht. Er war, obschon in Israel aufgewachsen, in gewisser Hinsicht ein Kind des Ghettos. Seine praktischen Erfahrungen im Kriegshandwerk sind begrenzt. Aber: Er verfügt nicht nur über Scharfsinn, Phantasie und eine brillante Gabe der Kombination. Er hat vor allem mehr gelesen als die meisten Herren im Publikum, und er ist historisch grundgebildet.

Wenn von Luttwak Auskunft darüber gefordert würde, was er als die wichtigste Voraussetzung der Zugehörigkeit zur „Neuen Klasse" betrachtet, nennte er gewiß nicht den ererbten Reichtum, der in Palm Beach (Florida) oder Long Island (New York), in Newport (Rhode Island) oder Palm Springs (California) gehortet und verpraßt wird: Er spräche von Bildung. Damit ist das wichtigste Element der Zugehörigkeit zur neuen Führungsschicht genannt: Sie ist eine Elite von Lesern. Sie schreibt (im Zweifelsfall) auch die wichtigen Bücher. Sie sitzt in den Vorlesungen, in denen der Geist des Landes geformt wird. Sie steht an den Kathedern, mit der Bildung der Nation beauftragt. Sie hört in den Mußestunden Platten mit guter Musik oder lauscht den Programmen von Public Radio, die von keiner Reklame unterbrochen werden – Rundfunk, wie er früher war, mit Klassik und Jazz, Reportagen, Dokumentationen, Literatur und Hörspielen zwischen Shakespeare und detective stories. Sie schalten die Fernsehapparate nur ein, um die Nachrichten oder einige ausgewählte Programme der öffentlichen Stationen (ohne Werbung) anzuschauen: große Dokumentarfilme, Theaterübertragungen, Symphoniekonzerte und lebhafte, oft kontroverse Diskussionen. Sie wirken des öfteren an solchen Debatten mit.

Reklame halten sie von sich fern. Sie vermeiden Massenprodukte. Sie kaufen Qualitätsware, die auf lange Sicht ohnedies billiger ist. Sie meiden junk food. Sie essen wenig und gesund, womöglich von französischen und italienischen Kochbüchern beraten. Sie trinken Weißwein statt Cocktails und ein Glas Roten zur Mahlzeit. Gin und Wodka sind nicht ihre Drinks. Sie treiben – in Maßen – Sport. Schlankheit gilt ihnen als Tugend. Von Überarbeitung halten sie nichts. Sie kleiden sich gefällig, nicht aufwendig, am liebsten nach europäischen Vorbildern. Strotzender Reichtum ist ihnen verdächtig, aber sie genießen ihren soliden Wohlstand.

Ihre politischen Ansichten entfernen sich in der Regel nicht allzu weit von der Mitte: Sie sind liberal mit konservativem Einschlag oder konservativ mit liberalen Auflockerungen. Ihre Vorurteile sind gezähmt. Frauen und Schwarze dürfen in ihrem Umkreis mit der zuvorkommendsten Behandlung, vielleicht sogar mit fürsorglicher Förderung rechnen. Juden und Katholiken werden ohne Vorbehalt akzeptiert. Übrigens sind sie selber oft eben das: Juden oder Katholiken. Wenn sich dies so verhält, geben sie sich Mühe, weißen angelsächsischen Protestanten oder selbst libanesischen Aufsteigern ohne Demonstration ihrer intellektuellen Überlegenheit zu begegnen. In der Regel vergessen sie nicht, daß sie selber aus einfachen, fast immer klein- oder mittelbürgerlichen Verhältnissen kamen, manche auch aus dem Proletariat dieser oder jener Färbung. Sie preisen darum die Durchlässigkeit der Gesellschaft in den Vereinigten Staaten. Sie halten ein soziales Engagement für die Armen auch nicht für den Ausdruck „unamerikanischer Gesinnung" – anders als die Neureichen früherer Generationen, die oft aus so schlichten Familien stammten, doch geneigt waren, jeden für einen „Versager" zu halten, dem es nicht gelang, sich zum Millionär hochzuarbeiten (oder nach oben zu spekulieren). Zu Recht weisen sie darauf hin, daß Bildung und Verstand für das Fortkommen wichtiger sind denn jemals zuvor. Zwar hat, sie wissen das auch, Amerika das Ideal einer „klassenlosen Gesellschaft" gewiß nicht erreicht, doch es ist jener Utopie ein Stück nähergekommen als die (vermeintlich) sozialistischen Länder, in denen die Führungskader allzu ängstlich darauf bedacht sein müssen, ihre so mühsam erschwitzten Vorteile gegenüber der Masse der Werktätigen zu behaupten. Überfluß verteilt sich leichter als der Mangel.

Die Trennungslinien der Klassen entsprechen keinesfalls mehr den Einsichten des 19. Jahrhunderts, wie sie von Marx allzu festgeschrieben wurden. Sie sind, wie beobachtet, von Besitz und Reichtum nur noch in geringerem Maße abhängig. Sie orientieren sich vielmehr an den Bildungsfronten, am Wissen, an der Verfügung über Informationen, an den Kraftlinien der Kultur. Sie nehmen an der Ausübung von Macht teil, gleichviel ob an der Rampe oder hinter der Bühne von Administration und Legislative, in der Finanzwelt, der Industrie, den Gewerkschaften, bei den Militärs und – last but not least – im Bildungswesen, das zum eigentlichen Energiequell der Gesellschaft wurde.

Man könnte hinzufügen: Sie unterhalten eher, statt sich unterhalten zu lassen. Sie zählen nicht zum Durchschnitt amerikanischer Bürger, die nach genauen Erhebungen pro Woche 45 Stunden und 22 Minuten auf den Bildschirm glotzen. Diese Zahl steigert sich bei den Haushalten mit Zugang zu Kabelfernsehen und Satelliten auf 58 Stunden. Das heißt aber: Die Television konsumiert mehr Zeit als die reguläre Arbeit einer Mehrheit der Beschäftigten.

So ist die „Neue Klasse“ in Wirklichkeit mit einer Majorität von „Bildungsproles“ konfrontiert, für die platteste Unterhaltung so wichtig wie die Arbeit ist. Unterhaltungsmanager verfügen über ihre Freizeit wie die Arbeitsmanager über ihre Werktage. Die neuen Proles sind in einem höheren Maße fremdbestimmt, als es sich die frühen Marxisten in ihren schlimmsten Visionen vorstellen mochten. Sie werden bei dieser fatalen Entwicklung nicht so sehr Opfer kapitalistischer Interessen (obschon auch die im Spiel sind). Vielmehr fordert ein Horror vacui, nämlich die Angst vor der Langeweile, von der die Unterhaltungstyrannei gespeist wird, ihre Unterwerfung und die Preisgabe ihrer Vernunft. Die staatskapitalistischen Gesellschaften Osteuropas werden – wenn die Arbeitszeiten auch dort weiter sinken, vielleicht sogar eines Tages die verborgene Arbeitslosigkeit sichtbar wird – den gleichen Problemen ausgesetzt sein. Und niemand sage, daß die sozialdemokratischen Länder Westeuropas (ob konservativer oder linksliberaler Prägung) dieser Heimsuchung entgehen.

Nein, wir amüsieren uns nicht zu Tode, wie es Neil Postman in seiner Studie düster ankündigte. Wir amüsieren uns nur am Leben vorbei. Wir treiben in einer Klassengesellschaft, die in manchem härter und grausamer als die vergangene sein mag.

Die Mitglieder der „Neuen Klasse“, die alle Funktionen einer Elite übernimmt, rekrutieren sich – das verdient scharf akzentuiert zu werden – zum guten Teil aus dem Umkreis der klassischen Intellektuellenschicht. Hören ihre Mitglieder aber – auch das ist ein weiteres Mal zu fragen – über Nacht auf, Intellektuelle zu sein, wenn ihnen Macht zuwächst? Waren denn die Intellektuellen vertrauterer Prägung – nehmen wir nur Augstein als Prototypus – wirklich machtlos? Existieren in ihren Territorien keine Herrschaftsstrukturen? Wurden in jener Gegengesellschaft (falls es die ist oder sein soll) die moralischen Examina immer mit Glanz bestanden? Gibt es allzuviel Anlaß, den Politikern mit einem überhöhten moralistischen Selbstgefühl gegenüberzutreten, das die Verwalter von Staats-, Partei- und Wirtschaftsmacht ihrerseits in der Regel mit so stumpfer Arroganz beiseite drängen?

Die Frage von Macht und Moral stellt sich für die „Neue Klasse" mit einer Radikalität, mit der die Intellektuellen selten konfrontiert waren, da sie vordem kaum einer anderen Instanz verantwortlich waren als dem eigenen Gewissen. Nun stellt sich das Problem konkreter und unmittelbarer. Man braucht nicht nach Amerika hinüberzustarren, um zu der skeptischen Einsicht zu gelangen, daß die Bereitschaft, den Weg des geringsten Widerstandes zu suchen und die eigene Feigheit mit dem Tarnanzug der Menschheitsbeglückung zu tarnen, kein Privileg der Politiker ist.

Die intellektuelle Opposition wird sich von der „Neuen Klasse", das ist zu hoffen, nicht völlig aufsaugen lassen. Sie wird sich, auch das ist dringend zu wünschen, nicht in die weltfernen Umfriedungen der Waldestrauer, der Innerlichkeit, des antizivilisatorischen Ressentiments zurückziehen, sondern – in der Literatur, der Publizistik, im Film, am Theater, in den Universitäten – der „radikalen Aufklärung" dienen, die Habermas mit dem Blick auf Heine postulierte.

Die Linien von Macht und Intellektualität indes werden künftig noch weniger fest geschlossen sein, als es die Vergangenheit vermuten läßt – in der, das soll nicht verschwiegen werden, die Grenzen durchlässiger gewesen sein mögen, als es manchen allzu puristischen Geistern ins Konzept paßt. Die Frontwechsel, die Übergänge, die Doppelexistenzen, die Rückzüge, die Verrätereien, die Brückenschläge werden unsere Realität mit Aufregung und Konfusionen erfüllen. Die moralischen Fragen werden sich nicht so eindeutig stellen, wie es uns lieb und bequem wäre.

Wir sollten dabei lernen, auf die allzu entschlossene moralistische Aufrüstung unseres Selbstbewußtseins zu verzichten. Wenn Wahrhaftigkeit die Voraussetzung eines moralischen Auftrages der Intellektuellen ist, werden wir respektieren, daß es selten eine Wahrheit im Singular gibt. Die Wahrheiten im Plural sind der Wirklichkeit und Menschlichkeit näher. Wer sich unter diese Erkenntnis beugt, wird nicht immer mit schneidender Entschiedenheit darauf bestehen, recht zu haben. Erinnert man sich an das schöne Wort von der „intellektuellen Redlichkeit"? Man hat es seit geraumer Zeit nicht allzu oft gehört: Es scheint aus der Mode gekommen zu sein. Man sollte es wieder unter die Leute bringen.

Jene Redlichkeit setzt den Mut zum steten Zweifel voraus. Léon Blum, Intellektueller zeit seines Lebens und Premierminister der Volksfront, schrieb 1914 in einem Essay über Stendhal: Es „gilt die Grundregel, ein allgemeines Mißtrauen zu üben und durch einen universellen Zweifel reinen Tisch zu machen".

Podiumsdiskussion

zwischen
Karl Graf Ballestrem, Klaus Harpprecht, Norbert Leser, Otto Schulmeister

Leitung: Oskar Schatz

LESER: Die These, daß es nur eine Moral für alle Menschen gibt, möchte ich durchaus nicht bestreiten. Aber ich glaube, daß es darüber hinaus auch spezielle Berufspflichten gibt, daß quasi eine Spezialmoral für verschiedene Gruppen existiert. Ich behaupte nun, daß das in der Politik im besonderen Maße der Fall ist, weil der Politiker mit Problemen und Entscheidungen in Größenordnungen konfrontiert ist, mit denen der Durchschnittsbürger in seinem Privatleben in der Regel nicht konfrontiert ist. Daraus ergibt sich zwar keine Dispens von ethischen Postulaten, aber eine gewisse, oft nicht unwesentliche Modifikation; und eine solche Modifikation kann sozusagen in eine neue Qualität umschlagen. Ein Beispiel: Im privaten Leben und in der Tugendlehre gilt es als Wesen der Freundschaft, daß man unter allen Umständen zu jemandem hält, daß man an seinem Wohl im aristotelischen Sinne uneigennützig interessiert ist. Nun behaupte ich, in der Politik kann man das gar nicht sein. Politik ist ein Freund-Feind-Verhältnis, Politik polarisiert. Es gibt in der Politik im aristotelischen Sinne des uneigennützigen Interesses am Wohl des anderen keine Freundschaft, denn man muß bereit sein, um der Sache willen auch seinen besten Freund zu opfern, ja auch sich selbst – nur kommt das viel seltener vor: Man ist viel leichter geneigt, einen anderen zu opfern. Aber das Dilemma bleibt im Grunde dasselbe. Der britische Premierminister Lord Attlee, der wegen seiner besonderen Rücksichtslosigkeit bei Kabinettsumbildungen den Spitznamen „the butcher", also der Schlächter, erhielt, hat das einmal in seiner lapidaren englischen Art so formuliert: „There is no room for friendship at the top." In der Eisesregion der Macht gedeihen keine Freundschaften. Politiker, die ehrlich über ihre Situation reflektieren, beklagen oder stellen fest, daß es ein wesentlicher Bestandteil der Macht ist, daß sie im Grunde genommen isoliert und einsam sind, obwohl eine Fülle von Kommunikationen existiert. Das ist also ein Beispiel dafür, daß die private Tugend der Freundschaft, die wir sonst mit Recht hochschätzen bzw. deren Verletzung wir als etwas Unmoralisches ansehen, sich in der Sphäre der Macht verändert. Es kann geradezu Staats- oder Parteiräson sein, den besten Freund fallenzulassen, wenn es die jeweilige Konstellation erfordert – wenn man es wirklich um der Sache willen tut, und eben nicht, um den Betreffenden am Zeug zu flicken.

Eine andere Frage, die mir sehr wesentlich zu sein scheint: Max Weber hat unterschieden zwischen Verantwortungsethik und Gesinnungsethik. Er hat die Verantwortungsethik ungefähr so definiert, daß man die Folgen seines Tuns abschätzt und nach Abschätzung der Folgen handelt, während der Gesinnungsethiker quasi nach dem religiösen Postulat handelt: Hier stehe ich, so wie Luther gesagt hat, ich kann nicht anders, Gott helfe mir. Nun würde ich die These wagen, daß die Verantwortungsethik die spezifische Ethik des Politikers ist, der Folgen abwägen muß, während zum Beispiel die Ethik des Wissenschafters die Gesinnungsethik ist. Gewiß, auch der Wissenschafter muß auf die Folgen seines Tuns Rücksicht nehmen, aber er kann es sich eher leisten, eine Wahrheit auszusprechen, ohne zunächst die Folgen zu bedenken. Daß das natürlich auch zu schrecklichen Kollisionen führen kann, wissen wir aus der Geschichte der Atombombe. Trotzdem bleibt die Tatsache richtig, daß die Erkenntnisse der Atomphysik um nichts weniger wahr werden dadurch, daß eben dieser Atombombenabwurf mit seinen furchtbaren Folgen stattgefunden hat. Im Falle der wissenschaftlichen Wahrheit gibt es keinen Kompromiß und auch keine Abwägung nach den Umständen, sondern letzten Endes nur die Wahrheitsfrage. In der Politik geht es hingegen nicht um letzte Wahrheiten, sondern um Kompromisse zwischen widerstreitenden Interessen, die vermittelt werden müssen. Wenn man von dieser Auffassung ausgeht, die auch besonders Hans Kelsen und Karl Renner vertreten haben, dann ist es unvermeidlich, daß gleichsam Wasser in den Wein gegossen wird, daß Abstriche manchmal auch von der Wahrheit gemacht werden müssen. Denn der Politiker muß in erster Linie schon die Frage stellen, ob das, was wahr und gut ist, im entsprechenden Augenblick auch zweckmäßig ist.

Gustav Radbruch, einer der größten Rechtsphilosophen unseres Jahrhunderts, hat eine Antinomie aufgestellt, die sicherlich nicht bestritten werden kann, nämlich, daß es drei gleichrangige höchste Rechtsideen gibt: Gerechtigkeit, Sicherheit und Zweckmäßigkeit. Keine dieser drei kann die Priorität über die anderen beanspruchen. Das kann zum Beispiel bedeuten, daß eine an sich gerechtere Ordnung, vom Idealen und Moralischen her gesehen, trotzdem nicht anzustreben ist, wenn sie nicht zweckmäßig ist. Es gibt sehr hehre Ideen, die zumindest auf dem Papier sehr gerecht sind – aber nicht funktionieren. Dann ist die Frage: Ist nicht eine weniger gerechte, aber funktionierende Ordnung, die immerhin ein Minimum an Rechten auch respektiert, einer gerechteren, aber nicht funktionierenden Ordnung vorzuziehen? Diese Frage ist allein mit der Moral nicht zu lösen.

Ich bestreite nicht, daß Moral für Politik und für Macht anwendbar ist, aber der Politiker hat auch die Sicherheit und die Zweckmäßigkeit gleichermaßen zu beachten wie die Wahrheit und die Gerechtigkeit. Er steht daher unter einem besonderen Entscheidungsdruck.

Ich würde nicht so weit gehen zu sagen, daß die Moral für die Politik nicht zutrifft; aber sie ist gebrochen durch eine bestimmte Sachgesetzlichkeit, die so stark ist und so abweicht von allen sonstigen uns bekannten Sachgesetzlichkeiten, daß sie eben Abstriche mehr oder minder größeren Ausmaßes von vornherein erzwingt. Das darf kein Freibrief für Korruption, für persönliche Unanständigkeit sein; aber im Machtkampf selbst gelten andere Maßstäbe.

BALLESTREM: Mir fällt eine Geschichte ein zum Thema Freundschaft in der Politik. Franz Josef Strauß wurde interviewt anläßlich seines 70. Geburtstages. Der Reporter stellte ihm die Frage, ob es so etwas wie Freundschaft in der Politik gäbe. Strauß machte eines seiner verschmitztesten Gesichter und sagte: „Im Bayerischen unterscheiden wir zwischen ‚Freund'In' und Freunden. ‚Freund'In' hat man viele in der Politik, solche, die sich einem ‚anschustern' wollen, aber Freunde hat man wenige; und die, die man hat, die gehen quer durch die Parteien. Einer meiner echten Freunde ist Helmut Schmidt." Daß diese Freundschaft auch umgekehrt empfunden wird, weiß ich aus einer anderen Quelle.

Das ist eine Geschichte. Aber sie zeigt, daß es innerhalb einer Demokratie bei allen Gegensätzen von Parteien und Interessen doch so etwas wie eine Gemeinsamkeit der Demokraten geben muß, die auch echte Freundschaft ermöglicht und die es nicht notwendig macht, die Kriterien einer Spezialmoral für Feinde innerhalb der Demokratie anzuwenden. Ich bin ganz einverstanden mit Kollegen Leser, wenn er sagt, daß in gewisser Weise für den Politiker besondere Bestimmungen der Moral gelten, und zwar sowohl im Positiven – er trägt besondere Verantwortung, ist besonderen Versuchungen ausgesetzt und muß deshalb besondere Tugenden entwickeln, wie sie von anderen Menschen in diesem Maße vielleicht nicht erwartet werden – als auch im Negativen, weil er im Konfliktfall, vor allem in Zeiten des Kriegs oder des Bürgerkriegs, gewisse Dinge tun muß, die er unter normalen Umständen der Kooperation und der Kommunikation nicht tun dürfte. Es ist zum Beispiel nicht nur kein guter Stil, sondern es ist einfach unmoralisch, wenn man seine Freunde und Partner ausspioniert und belügt. In Kriegszeiten ist das zwischen Feinden ganz normal. Aber ich würde diese Kriterien nicht auf die Innenpolitik eines demokratischen Rechtsstaats übertragen und insofern differenzieren, wenn Kollege Leser einfach das Freund-Feind-Verhältnis für die Politik im allgemeinen als konstitutiv ansieht.

HARPPRECHT: Ich möchte hier anknüpfen mit einem anderen Versuch, zu relativieren. Ich wehre mich dagegen, den Politikern eine besondere Moralsphäre zuzuweisen, weil ich davon überzeugt bin, daß die Politik nur das sichtbare Bild von Verhältnissen ist, wie sie sich überall dort in unserer Gesellschaft finden, wo es Machtstrukturen gibt: Die Personalkonflikte und Sachkonflikte etwa in einer Sparkasse und der Kampf um die Spitze, um das Direktorium spielen sich im wesentlichen nicht sehr viel anders ab als im politischen Bereich. Das ist eben Politik in einem anderen Bereich. Zum Begriff der Freundschaft in der Politik und zu den Einschränkungen, die soeben gemacht wurden: ja und nein. Von einem Politiker wird neben Freundschaft noch etwas anderes verlangt, ebenso wie von einem Menschen, der im Bereich der Gesellschaft bestimmte Positionen erreichen will. Freundschaften sind vielleicht sowieso etwas Seltenes im Leben, aber er muß eines schaffen können: Loyalitäten. Und ich kenne keinen wirklich erfolgreichen Politiker, der das nicht fertigbringt. Das bedeutet nicht nur, Abhängigkeiten zu schaffen, indem man dem einen einen kleinen Posten zuschiebt, dem anderen einen gewissen Vorteil verspricht und jenem wiederum ermöglicht, daß er ein Grundstück zu etwas besseren Preisen erwerben kann. Sondern Loyalitäten sind auch Verpflichtungen auf gemeinsame Ziele, auf gemeinsame Ideale, sind auch Dinge, die mit ganz persönlicher, einfacher Treue zu tun haben. Ohne das Schaffen von solchen Loyalitäten bringt man, so glaube ich, in der Politik nichts zuwege.

Zur Frage: Gesinnungsethik – Verantwortungsethik. Auch dort ist vielleicht der Sprung heute nicht so groß, wie ihn Max Weber sehen wollte. Wir haben inzwischen gelernt – das hat sicher auch Max Weber nicht bestritten –, daß die Gesinnungsethik so folgenschwer sein kann wie das, was in konkreter politischer Verantwortung getan wird. Ich glaube, daß heute die Wege zur Umsetzung dessen, was man als Gesinnung bezeichnen mag, in die unmittelbare praktische Politik kürzer geworden sind und daß von daher auch die Differenz zwischen derart weiten Begriffen in gewisser Hinsicht einschmilzt. Jemand, der an der modernen Meinungsindustrie mitwirkt, weiß sehr wohl, wie kurz der Weg zur unmittelbaren, praktischen Wirkung ist. Also erfolgt hier eine Verschmelzung der Verantwortungs- und der Gesinnungsethik.

LESER: Würden Sie zustimmen, daß der Wissenschafter eher Gesinnungs-, der Politiker eher Verantwortungsethiker ist?

HARPPRECHT: Ja, ich würde dem zustimmen.

SCHULMEISTER: Wir leben in einer Massendemokratie. Manche Beobachter, nicht nur in Westeuropa, meinen, auch sie sei nur eine Übergangsform zur Technokratie. Dazu trage gerade die Massenkommunikation bei, die Abhängigkeit von vielen Kanälen zur Beeinflussung, ferner das Degagement der Mehrzahl von unmittelbar ideellen oder ideologischen Zielen, zugleich das Heranwachsen einer neuen Machtelite, die sich nach den verschiedenen Apparaten strukturiere. Dabei gerät auch die Unterscheidung Max Webers von Gesinnungs- und Verantwortungsethik ins Fließen. Denn das, was ich nun für das unmittelbare politische Interesse ansehe, dafür schaffe ich mir die jeweils notwendige Gesinnung und artikuliere sie im Zeitgeist. Folge: Gewecktere Zeitgenossen glauben von all dem nichts mehr. Sie empfinden das aber nicht so sehr als Folge der ständigen Spannung zwischen Moral und Politik, vielmehr als Unangepaßtheit unserer politischen Lebensformen an das, was sie irgendwo dumpf erwarten, aber selbst noch nicht beim Namen nennen können. Und das gibt wieder an den Rändern radikalen Gruppen, die derzeit gewiß noch nicht wichtig sind, Chancen im Zusammenhang mit Ängsten und Attentismus in den Massen.

Gehen wir auf die konkrete Situation ein, so finden wir etwa in diesem Lande zahlreiche junge Menschen, die sagen, Politik sei eine üble Sache geworden, bar der Ideale, oft auch des Charakters. Nun, schon aus der Natur des Menschen ist diese Politik mit Übeln aller Art behaftet, Macht und Machtmißbrauch gehen einher, doch das weiß man seit Adam und Eva. Aber die Politik transportiert nicht mehr das, was meine Lebensgefühle sind, sagt man, was zu meinen Sorgen gehört, worin ich selbst angesprochen bin, weil es um mein Leben, meine Zukunft geht. Über Wahlen, in denen jedermann noch eine Stimme abzugeben hat, wandert diese Stimme zu irgendwelchen Apparaten. Die zerreiben dann die Stimmen wie Interessen zu einem grauen Brei, der dem Elektorat wieder mit dem Hinweis verabreicht wird: Es geht euch gut, was soll euch anderes bekümmern? Was aber der Mensch zum Leben benötigt, ist nicht nur Brot, auch eine Idee von sich selbst, eine Vision von der Gemeinschaft, zu der er gehört, eine Zielangabe zur Meisterung der Gefahren, die ihn und diese Gemeinschaft bedrohen.

Ich glaube daher, daß sich das Dauerthema von Moral und Politik in verschiedener Hinsicht heute anders stellt. Es geht nicht nur darum, daß der Politiker, Mandatar oder Funktionär wieder zu mehr Verantwortung zurückfinden muß, daß das Gewissen, nicht bloß die derzeitige Funktion gefragt ist. Eine pluralistische, nicht mehr auf einen sittlichen Grundkonsens eingeschworene Demokratie kompliziert diese Anforderung noch, denken wir etwa an Bonns Dauerweg zum Verfassungsgerichtshof nach Karlsruhe oder an die Dauerkontroverse über den Schutz des Lebens in Österreich. Projiziert man diesen Zustand auf die Zukunft hin, bleibt in solchem Rahmen als Ethik der Politik nur übrig, daß man dem Politiker konzediert, sein Mandat bringe es mit sich, zur Interessenwahrung manche Handlungen in Kauf zu nehmen, die dem Mann von der Straße unglaubwürdig, ja unseriös erscheinen. Da wir dazu noch in einer materialistischen Gesellschaft leben, neigen die Apparate und die Funktionärsklasse dazu, alles in Geld zu bemessen und danach die eigene „Provision“ festzusetzen. Das entzieht der Politik die Idee, dem Politiker den Charakter. Doch Politik wie Politiker sind selbst nur Opfer eines Prozesses, der als Wertabbau, Wertverlust oder Sinnkrise längst viele Bücher hervorgerufen hat. In der Verweltlichung des persönlichen wie öffentlichen Lebens, Stichwort „Säkularisierung“, war in deren Schlußphase die Politik selbst zur Heilslehre geworden. Der Zusammenbruch der Ideologien läßt nun die Szene leer und die Parteien- bzw. Verbändedemokratie als Interessenbasar unter Scheinbeteiligung des Staatsbürgers erscheinen.

In einer Übergangssituation, in der weltweit um eine neue Fundierung des Zusammenlebens gerungen wird, kann man sich bescheiden und an Max Webers Wort halten: Politik, das sei mit zäher Geduld harte Bretter zu bohren. Aber die Leute wollen wenigstens wissen, welche Bretter und wozu – von der ökologischen bis zur Nuklearkriegs-Drohung. Selbst darauf können wir keine umfassende Antwort geben, wir können nur auf kleinen Feldern, in diesem oder jenem Problem vorankommen. Wie leicht schlägt da Kulturpessimismus in Fatalismus um und macht den Gang der Dinge zur Beute des jeweils Stärkeren, Unbedenklicheren. Dem ist zu widerstehen und nicht zynisch die ganze Frage, was denn Politik mit Moral überhaupt zu tun habe, der jeweiligen Kräftekonstellation zu überlassen. Ich verstehe dabei sehr wohl die Zumutung, die darin liegt: Eine so differenzierte Ethik mag Menschen, die wissen, wie schwierig heute das Geschäft der Politik ist, gerade noch akzeptabel erscheinen, sie entspricht aber keinesfalls dem Hunger jener vielen, die sagen: Ich möchte wissen, wo es entlanggeht in dieser Welt, dann weiß ich auch wieder, was ich selbst zu tun habe. Hier geht die Erörterung von Politik und Moral in die eigentliche, hintergründige über, was denn der Mensch, was seine Bestimmung, was seine „Religion“ sei.

Publikumsdiskussion

PUBLIKUMSFRAGE: Auf einen kurzen Nenner gebracht, hat Prof. Ballestrem mehr oder weniger gesagt, der Politiker hat zu entscheiden, was Moral ist, nach dem, was ihm zweckmäßig ist. Er hat ihm das Recht zum Töten seiner eigenen Meinung anheimgestellt. Das Gerede oder Postulat aber, wer Macht übernimmt, übernimmt Verantwortung, ist meiner Ansicht nach Humbug. Denn die Verantwortung hält mit der Macht nicht Schritt. Man kann nur Dinge verantworten, die in der eigenen Macht stehen, sie wieder zu reparieren. Welcher Politik tut das bitte? Welcher Politiker kann das? Kann ein Finanzminister für ein Budget, das 100 Milliarden versanden läßt, die Verantwortung übernehmen? Das heißt, hat er sie hinten in der Schreibtischlade, und wenn's schiefgeht, dann zahlt er? Das wäre Verantwortung. Aber wo ist denn solche Wiedergutmachung denkbar?

BALLESTREM: Der Vorwurf, mein Ansatz sei total relativistisch, beruht auf einem so grundlegenden Mißverständnis, daß ich beginne, an meiner eigenen Ausdrucksfähigkeit zu zweifeln. Wenn Sie sich erinnern, habe ich damit begonnen, das Spannungsverhältnis von Macht und Moral zu schildern, und dann zu sagen, daß die politische Ethik auf dem Standpunkt des Moralismus steht, wenn sie sich auch zugleich darum bemühen muß, realistisch in dem Sinne zu sein, daß sie nicht einfach abstrakte Postulate aufstellen will, an die sich dann kein Politiker halten kann. Mein nächster Schritt war, zu zeigen, was ich unter politischer Ethik verstehe, und einer der wesentlichsten Gedanken dabei war, daß unsere moralischen Werturteile mit dem Anspruch der Wahrheit und Begründbarkeit ausgestattet sind und daß es deshalb sinnvoll ist, normative ethische Theorien zu entwickeln, die als handlungsanleitend auch für den Politiker interessant sein sollten – eben weil er grundsätzliche und schwierige Entscheidungen in Situationen der großen Verantwortung zu treffen hat. Sodann habe ich gesprochen über das Problem des Machtmißbrauchs. Und da würde ich sagen: Das ist genau der Sinn normativer Theorien, daß sie Vorschriften machen, die nicht selbstverständlich sind. Mancher hält sich daran und handelt richtig, andere halten sich eben nicht daran. Verantwortung muß allerdings nicht nur darin bestehen, daß man die Ausgaben, die man macht, auch wieder zurückzahlen kann. Es gibt auch andere Formen, zur Verantwortung gezogen zu werden. Wenn ich also derart mißverstanden wurde, als ob ich sagen würde, in bestimmten Situationen sei dem Politiker alles erlaubt, so ist das genau nicht der Punkt, auf den ich die Sache bringen wollte, sondern ich wollte sagen, selbst in diesen schwierigen Situationen, von denen Machiavelli ausgeht, muß es immer noch Regeln geben, die wenigstens eine Minimalmoral definieren.

Mir ist das zum ersten Mal klargeworden, als ich in Amerika während des Vietnamkrieges von dem Massaker in My Lai gehört habe, wo ein junger Leutnant in ein vietnamesisches Dorf kam. Dort erwartete er Guerilleros, Vietkong. In Wirklichkeit waren nur Frauen und Kinder dort, und er hat diese Frauen und Kinder systematisch erschießen lassen. Es folgte eine Diskussion in ganz Amerika, in der es eine seltsame Allianz gab von hartgesottenen Realisten und von Pazifisten, die aber beide sagten, diesen Leutnant sollte man nicht verurteilen, so ist der Krieg eben: „That's war!" Demgegenüber scheint es mir wichtig, auch für diese moralisch überaus bedauerlichen Situationen, wie sie in Krieg und Bürgerkrieg existieren, wenigstens Minimalregeln, wie sie im „Jus in bello" traditionell und bis heute formuliert werden, festzuhalten.

Mir liegt ein anderes Thema am Herzen: Wenn wir hier über Intellektuelle und Politik sprechen, vergessen wir dabei, daß wir *als* Intellektuelle über Politik sprechen. Ich habe es ein bißchen bedauert, daß bei diesem Symposion mit einer sehr prominenten Ausnahme keine Politiker auf dem Podium sitzen. Denn es ist natürlich unsere Hauptfrage, wenn wir über Macht und Moral sprechen, ob das, was wir uns ausdenken, die Politiker im Innersten trifft. Ich möchte deshalb die Gelegenheit nützen, um Dr. Kirchschläger zu bitten, zu den Dingen, die wir hier heute besprochen haben, von sich aus noch etwas zu sagen. Fühlen Sie sich denn im geringsten verstanden als Politiker, wenn Sie hören, was wir hier gesagt haben? Oder geht das ganz vorbei am Alltag der Politik? Gibt es dort die schwerwiegenden Entscheidungen im Spannungsfeld von Macht und Moral, oder macht man viel eher die Erfahrung, wie schwer es ist, große Bürokratien zu bewegen und gute Ideen in praktische Politik umzusetzen?

KIRCHSCHLÄGER: Es ist sicher so, daß das Gespräch mit dem Politiker mehr bringen würde als das Gespräch über ihn und über das politische Handeln. Wie sich der Politiker vielfach die wissenschaftliche Forschungsarbeit nur schwer vorstellen kann, so habe ich manchmal den Eindruck, daß auch die Wissenschaft Mühe hat, das tägliche politische Handeln zu verstehen, das ja nicht in einem ständigen Kampf mit den großen Problemen steht, sondern in einer täglichen Auseinandersetzung mit kleinen Sorgen. Und diese Auseinandersetzung vollzieht sich in wesentlich menschlicheren Formen, als dies bei einem Symposion über Macht und Moral vielleicht angenommen werden könnte. Es ist auch nicht so, daß es auf dem Gipfel der Politik keine Freundschaft geben kann. Es gibt sie sehr wohl, auch in Österreich; natürlich wenige, wie es überhaupt wenige Freundschaften gibt. Aber die wenigen halten. Ich erinnere mich sehr gut, als ich als Außenminister im Parlament von einem Abgeordneten, mit dem ich seit Jahren befreundet war, sehr heftig angegriffen wurde. Nachher ging er bei mir vorbei und sagte: „Du bist mir ja nicht böse, Rudolf?" – und ich sagte: „Nein, aber ich gebe dir Antwort." Wir haben uns in der Sache auseinandergesetzt, weil man ja auch als Freunde verschiedene Meinungen haben kann. Man kann seine eigene Meinung vertreten, auch sehr dezitiert und klar. Aber man kann doch nachher mit dem Gegner in einer sachlichen Auseinandersetzung wieder als Freund zusammensitzen und ihn sogar verteidigen, wenn es not tut, wenn er ungerecht angegriffen wird. Wenn ein Politiker einsam ist, dann ist er einzig und allein selbst schuld. Ein Politiker, der das, was an Wünschen im Volk besteht, lediglich aus Meinungsumfragen erfährt – ja, der mag einsam sein. Aber wer sich von Zeit zu Zeit in ein Wirtshaus setzt oder woanders hingeht, wo er reden kann mit den Leuten (ich habe an keinem Fest teilgenommen, wo ich nachher nicht ein Krügerl Bier trinken konnte mit den Leuten, denn da fangen eben die Menschen zu reden an), der erfährt sehr gut, was los ist. Der ist dann auch nicht einsam, sondern hat eine recht feste Basis unter sich. Aber was wir brauchen und womit ich leider nicht viel Anklang gefunden habe, ist diese feste gemeinsame Basis in der Demokratie zwischen den großen politischen Richtungen! Ich habe schon vor nunmehr 14 Jahren im Europarat, damals als Außenminister, angeregt, es mögen sich doch die Christdemokraten, die Sozialdemokraten und die Liberalen, also die großen Blöcke des demokratischen Europa, zusammensetzen und versuchen, darzulegen: Was ist denn das Positive der Demokratie? Wir haben so furchtbar wenig, was wir als gemeinsames Positives aufweisen können. Wir haben zwar eine gemeinsame Lebensweise, wir haben einen Antikommunismus und noch einige „Anti". Aber es ist bisher nicht möglich gewesen, daß sich die großen politischen Gruppierungen zusammengesetzt hätten, um miteinander die gemeinsamen Grundlagen unseres demokratischen Daseins aufzuschreiben und dann auch wirklich als gemeinsame Grundlage zu betrachten. Dann würde vielleicht mancher Kampf entfallen.

Im übrigen, glaube ich, sollten wir nicht in den Fehler verfallen, immer nur vom politischen Machtkampf zu reden: Es existiert sicher ein Machtkampf zwischen wirtschaftlichen Unternehmen, zwischen einzelnen Zeitungen, manchmal bis aufs Messer geführt. Es existiert vielleicht auch ein Machtkampf innerhalb der einzelnen Kirchen. Ich glaube aber, das Ringen um die Mehrheit ist noch nicht etwas, das uns in die Gefahr der Überschreitung der Grenzen der Ethik bringt.

Zusammenfassend: Was man als Politiker wirklich braucht und was wir weitum zuwenig haben, sind Stunden der Besinnung, Stunden des Nachdenkens, in denen man sich im ganz kleinen Kreis mit Menschen trifft, die einem die Wahrheit sagen und denen man auch das eigene Tun erklären kann; Gespräche, aus denen man nicht nur Kraft schöpft, sondern auch Mut, den richtigen Weg zu gehen. Das scheint mir ein Postulat, das sicher in der täglichen Amtsausübung zuwenig verwirklicht wird.

HARPPRECHT: Ich möchte bei unseren Erörterungen auf eine spezifische Gefahr hinweisen. Natürlich ist das, was sich im Politischen ereignet, besonders sichtbar und soll auch besonders sichtbar sein. Was wir an sogenannter Transparenz in der Demokratie erzielt haben, ist gut für den Zustand unserer Gesellschaft. Aber wir machen es uns in der Hilflosigkeit unserer Gesellschaft und der partiellen Ratlosigkeit, auf die Schulmeister hingewiesen hat, zu leicht, wenn wir, veranlaßt durch beklagenswerte Skandale, nur auf die Politik starren. Im gegebenen Entwicklungszustand unserer Demokratien kommen wir in Gefahr, der Politik oder den Politikern eine Sündenbockrolle zuzuweisen. Es ist einfach, von uns selber, von unserer nächsten Umgebung, unseren Berufen, unserer Nachbarschaft, unseren Familien abzusehen und auf „die dort oben" zu zeigen. Ich wage zu sagen: Überall, wo wir sind, ist Politik: in den Machtkämpfen der Wissenschafter, der Theologen, die am liebsten nur via Zyankali miteinander verkehren würden, in der Wirtschaft. Es gibt Machtkämpfe und Konflikte in den Redaktionen, wo nicht nur mit Engelszungen geredet wird. Indem wir aber überhöhte Forderungen an die Politik stellen, geben wir wieder der Neigung nach, uns in ein Feld des unpolitischen Ressentiments zurückzuziehen. Und genau dort, wo das unpolitische und antipolitische Ressentiment anfängt, beginnt der Niedergang der Demokratie.

SCHULMEISTER: Ich halte das für sehr richtig, was Herr Harpprecht eben gesagt hat, vielleicht sollte man es aber noch ergänzen. Zu sagen, die Politiker seien an allem schuld, ist allzu billig, worauf ja schon Herr Dr. Kirchschläger hingewiesen hat. Denn das entlastet mich selber: Ich muß mich da nicht engagieren – schuld sind die anderen. Darin versteckt sich vielleicht aber noch etwas anderes: die erwähnte Verwechslung von Politik mit Heilswünschen. Das führt zu einer weiteren Frage, denn gerade Politik in der pluralistischen Demokratie hat keine Wegweisung für solche Heilswünsche. Hier zeigt sich ein bedenkliches Defizit, man vergegenwärtige sich nur den Vormarsch der Sekten, die Verbreitung von Aberglauben aller Art, man denke an das, was Oswald Spengler einst als „zweite Religiosität" diagnostiziert hat, auch an die vielen seelischen Erkrankungen in der Wohlstandsgesellschaft. Hier bildet sich ein sozialer Unruheherd, der sich mit Sicherheit nicht für immer isolieren läßt. Gerade in der jüngeren Generation wachsen Irrationalismus, Opposition gegen die Technik, Verdacht auf geheimnisvolle Kräfte, die den Menschen um sein Glück bringen. Wie leicht könnte sich, etwa durch eine unbeachtete Tapetentür, ein Fremder in diese angeblich so aufgeklärte Gesellschaft mischen und allgemeine Verwirrung anrichten.

Und noch eines: Inwieweit ist der Pluralismus des Wohlfahrts- bzw. Sozialstaates nicht auch von jener Art Fortschritt, die die moralische Substanz eines Gemeinwesens aufzehrt? Die bloße Bequemlichkeit, im Grunde nichts mehr für wahr zu halten außer dem, was mir selbst Vorteil bringt, kostet ja auf lange Sicht auch etwas: erst die Wahrheit, das Streben nach ihr, dann auch die Toleranz. Auch darin zeigt sich eine Überforderung des Menschen; und für sie macht man die Politik haftbar, obwohl sie nur aus dem Gesamtzustand einer Welt im Übergang resultiert.

SCHATZ: Ich möchte hinweisen darauf, daß wir hier vor knapp einem Monat dieses Thema erörtert haben in unserem „13. Salzburger Humanismusgespräch" über die Frage „Wovon werden wir morgen geistig leben?". Das ist, so glaube ich, der Hintergrund, vor dem der Zusammenhang von Macht und Moral gesehen werden muß.

Die Säkularisierung der Macht und der Staat

Otto Schulmeister

Von der *Säkularisierung* der *Macht* und ihren Folgen für den *Staat* soll hier die Rede sein. Die drei Begriffe bedürfen näherer Bestimmung. Zu leicht könnte man ja Säkularisierung mit der jetzt vielbeklagten Demoralisierung im öffentlichen Leben gleichsetzen. „Österreich ist eine demokratische Republik, ihr Recht geht vom Volk aus", heißt es im Bundesverfassungsgesetz. Der eigentliche Machthaber oder Souverän ist also das Volk, das in seinen konstitutionellen Organen für sich handelt. Für die Krone des Sacrum Imperium, die in Wien ihre letzte Ruhestätte gefunden hat, gibt es nur einen Souverän, Gott, den Allmächtigen: Per me reges regnant. Alle Macht ist abgeleitet und besteht nur durch ihn. Die einfache Gegenüberstellung macht bewußt, an welch weltgeschichtliches Thema wir damit herantreten. Es führt mitten in den Engpaß der Gegenwart.

Nun zu den Begriffen: „Säkularisierung" ist seit langem ein geistesgeschichtliches Modewort. In unserem Zusammenhang meint es die Ablösung des Denkens wie der allgemeinen Kultur aus einem ursprünglich vorwissenschaftlich-religiösen Weltbild und die Entwicklung von rationalempirisch kontrollierbaren Begriffen mit entsprechender Bewußtseinsänderung. Als „Macht" wollen wir die totale bis relative Verfügung über andere Menschen verstehen. Sie hat dementsprechend erst religiös dominierte, dann in der Neuzeit politisch, sozial und rechtlich fixierte Abhängigkeiten geschaffen, die Herrschaft begründen. Und was umreißt den hier angesprochenen „Staat"? Daß er selbst nur ein Produkt aus der Auflösung des alten, universalen und transzendenten Weltbildes ist. Ausgestattet mit Souveränität, Territorium, Bürokratie und Zentralisierung, soll es Aufgabe dieses Staates der Neuzeit sein, seinen Bürgern Gerechtigkeit, Ordnung und Sicherheit zu schaffen.

In welcher Art haben dann Glaubensspaltung und Glaubensverlust, die die Säkularisierung der Macht begleiten, den Staat geschaffen und verändert? Thomas Hobbes hat in seinem „Leviathan" (1651) den Staat als „sterblichen Gott" erklärt. Aus der Not und Verzweiflung der Religionskriege zur inneren Befriedung hervorgegangen, soll er den natürlichen Leidenschaften der Menschen, ihrer Triebmechanik, die einen Kampf aller gegen alle provoziert, Grenzen setzen. Heute sieht sich das materiell hochentwickelte, pluralistische Spätprodukt so verstandener Staatlichkeit einem neuen Ausbruch von Gewalt gegenübergestellt. Er macht als internationaler Terrorismus, Rote-Armee-Fraktion oder Stadtguerilla Schlagzeilen. In Wechselwirkung zu den Vernichtungspotentialen der Supermächte mehren sich auch in den zwischenstaatlichen Beziehungen, vor allem in der Dritten Welt, Anzeichen der Anarchie. So messen sich also am Höhepunkt der Rationalisierung wieder öffentlich legitimierte Macht und der Appell an Tötungsgewalt.

„Staatsformen sind für mich Techniken wie jede andere Maschinerie", hat Max Weber, Gründervater der modernen Sozialwissenschaften, einbekannt und in seinem „Beruf zur Politik" erklärt: „Die Erfahrung von der Irrationalität der Welt war die treibende Kraft aller Religionsentwicklung." Der spätliberale Positivist weiß – es war nach dem Ende des Ersten Weltkrieges –, daß Rationalisierung als „Entzauberung" der Welt allgemeines Schicksal geworden ist. Je weiter sie vorangeht, umso mehr bedroht sie die individuelle Freiheit. Illusionsloses, jeder Wertsetzung als unwissenschaftlich sich widersetzendes Denken glaubte politisch das Heilmittel im nationalen Machtstaat, im charismatischen Typ des Politikers, im Plebiszit als Gegengewicht zur Parteienmacht gefunden zu haben. Unter den Bedingungen der dreißiger Jahre hat die darauf zugeschnittene Weimarer Verfassung Hitlers Machtergreifung freilich erleichtert. Also eine Rechnung ohne den Wirt? Hat der Liberale die Macht der Gefühle, die „dämonischen Qualitäten" der Wertsetzungen unterschätzt? Kurz vor seinem Tod stellte Max Weber 1919 skeptisch fest: „Nicht das Blühen des Sommers liegt vor uns, sondern zunächst eine Polarnacht von eisiger Finsternis und Härte, mag äußerlich jetzt siegen, welche Gruppe auch immer."

Die längst von Religion und Tradition emanzipierte Macht war im Abbau auch der bürgerlichen Werte schon dabei, Selbstzweck zu werden. Max Weber wird in solchem Zusammenhang zu einer Schwellenfigur. Im Übergang zu einer Epoche, die Demokratie, Pluralismus und Humanismus zu Zielpunkten der Menschheitszivilisation erklärt, erfährt diese an sich das Paradox jedes „Willens zur Macht", der nicht mehr Mittel, sondern sein eigener Sinn ist. Im Zeichen radikaler Aufklärung und Interessenbezogenheit lädt sich das irrationale Potential fortgesetzt auf. Der dialektische Umschlag aus solcher Freiheit und Selbstbestimmung zu Kollektivierung in kaum noch bemerkte Sklaverei, durch Außenlenkung also, bereitet sich vor. Kassandrarufe aus Literatur, Philosophie und Zeitdiagnose haben daran nichts ändern können. Seit Huxley und Orwell, seit Nietzsche und Spengler, seit Hegel und Marx kennt der Europäer die Diagnose, „Postmoderne" ist derzeit dazu das Stichwort. Das Prozeßhafte dieses Jahrhunderts ist dem Beobachter längst zum Trauma geworden.

„Macht bedeutet jede Chance, innerhalb einer sozialen Beziehung den eigenen Willen auch gegen Widerstreben durchzusetzen, gleichviel, worauf diese Chance beruht" (Max Weber). Wertbezüge sind ja nach Geschichte und Umständen relativ, Macht läßt sich nicht inhaltlich, nur formell bestimmen. Anders die Religion (und als ihr Derivat noch die Ideologie). Geht für den Marxismus die Macht aus den Klassenkämpfen hervor, so konnte ein Mao Tse-tung kühl bekennen: Die Macht kommt aus den Mündungen der Gewehre. Anders das Christentum, wenn es in seinem Credo heißt: „Ich glaube an Gott, den Vater, den Allmächtigen." Es weiß sich darin mit dem Judentum einig: Allmacht ist die in Israels Geschichte immer wieder erfahrene, einst im Auszug aus Ägypten kulminierende eigentliche Gottesaussage. Das Tremendum der Gotteserscheinung, die Überwältigung durch Seinsmacht, ist im übrigen auch in allen anderen religiösen Lebensäußerungen der Menschheit zu verspüren.

Schon in der Morgendämmerung der Menschheit zeigt sich ein „Machtglaube", „Mana" ist die Schrecken wie Ehrfurcht auslösende Kraft. Sie geht von einem Gegenstand wie von einem Schamanen, Medizinmann oder Häuptling aus. Sie begründet das „Tabu", wie sie auch zur Magie befähigt. Laut vergleichender Religionswissenschaft muß man hier freilich differenzieren. Solches „Mana" und das Numen, die Gegenwart eines Gottes, sind nicht einfach dasselbe. Das eine ist blind, ein Es, das andere Person und „heilig". Macht hat also vom Ursprung her als Emanation der Gottheit mit Heiligkeit zu tun. Die heiligen Reiche, heiligen Stätten, heiligen Zeiten gehen darauf zurück und leben selbst im aufgeklärten Bewußtsein, wenn auch in oft kaum noch erkennbarer Vermummung, weiter. So ist auch das, was wir heute im Tagesjargon unter „Politik" verstehen, noch nicht so kalkuliert bzw. interessenbedingt, daß sich darin nicht weltanschauliche Grundüberzeugungen erkennen ließen.

„Wenn die Menschen nicht wüten, so wütet der Teufel, und wenn die Kaiser Christen geworden sind, ist etwa der Teufel deshalb Christ geworden?" Mit diesem Satz zieht Augustinus den Trennungsstrich zwischen Reich Gottes und Civitas terrena, der irdischen Staatenwelt. Und er drückt das an einer anderen Stelle seiner „Civitas Dei" so aus, daß es auch Zeitgenossen von heute bekannt vorkommt: „Was sind denn Reiche ohne Gerechtigkeit anderes als große Räuberbanden?" Das „himmlische Jerusalem" als Ort der vollendeten Erlösung, das Himmelreich als Herrschaft Gottes, der dann alles in allem ist – die Vorstellung trennt unübersteigbar Transzendenz und Immanenz, die Welt des Glaubens und die der Ratio. Religion und Aufklärung treten sich hier nicht zum ersten Mal gegenüber, die zwei Seelen in der Brust des Menschen begleiten den Widerspruch durch alle Epochen.

Die Säkularisierung der Macht bleibt indes ein irreversibler Vorgang. Der Zivilisation der Nuklear- und Gentechnologie, von SDI und „Sternenkrieg", einer nicht nur vom Erkenntnisdrang, mehr noch vom Machtstreben vorangetriebenen Wissenschaft und Technik läßt sich nicht einfach

Einhalt gebieten: Was man kann, wird auch gemacht. Angesichts einer der traditionellen Wertvorstellungen ledigen, nur an Effizienz und Selbstverfügung orientierten Welt könnte der eben angeführte Augustinus auf seine These verweisen: So wie Kain, der Brudermörder, Begründer der Staaten dieser Welt wurde, so würde er auch noch der Begründer eines Weltstaates ohne Gott sein. Einem solchen Erbsünden-Pessimismus widerspricht entschieden der Optimismus der Aufklärung und des Fortschritts. Der Mensch hat sein Schicksal selbst in die Hand genommen, und wieviel erträglicher hat er doch seine Welt gestaltet! Wer kann das leugnen? Seine ambivalente Natur freilich, sein gespaltenes Wesen blieb ihm erhalten. Hält man sich an das Verhältnis von Macht und Moral, an die geschichtliche Praxis, kann man jene, die dazu bemerken, da sei doch nur Heuchelei zu erkennen, nicht einfach als Skeptiker oder Reaktionäre abtun. Die Natur des Menschen bleibt zum Bösen geneigt wie zum Guten fähig. Nur quantitativ, nicht qualitativ ist da Neues zu berichten.

An Wende- und Übergangszeiten stellen sich Augustinus-Renaissancen ein. Ihre Ursache ist so unschwer erkennbar wie die Bruchlinie zwischen Erlösungs- und Selbsterlösungsglauben, zwischen Religion und Rationalismus, Mysterium und Kalkül. In der Säkularisierung der Macht überschlägt sich diese, im Gebrauch deklamierter, aber nicht gelebter Werte wird sie am Ende selbst irrational und aktiviert jene Kräfte, die sie zerstören. Wissenschaft und Technik ergeben eine vor wenigen Jahrzehnten noch unvorstellbare Akkumulation an Macht. Das Theatrum mundi wird zur Bühne für einige „Große", die sich regiegemäß auf „Gipfeln" treffen. Ob sie, außer dem Wunsch, ihre Macht zu behaupten oder zu steigern, mehr darüber wissen, wohin die Reise geht? Das wieder erzeugt bei den Massen im Wohlfahrtsstaat Materialismus und Apathie, in den Entwicklungszonen der Erde kritische bis explosive Verhältnisse. Die kulturelle Entwurzelung vermehrt fortgesetzt dieses Potential an Verfügbarkeit.

Der Ruf nach mehr Moral in der Politik ist viel zu kurzatmig, er geht ins Leere, er erkennt die Tiefe des Verlustes nicht. Auch Zeiten der „Gottesgewißheit" waren ja Zeiten, in denen der Teufel – was jeder darunter verstehen mag, damals wie heute – durchaus auf seine Rechnung kam. Ähnlich wie beim Frieden wird nach der Moral am lautesten gerufen, wenn sie verloren ist. Der Glaubensschwund, was die traditionellen Werte und Normen – und nicht nur den unmittelbaren Bereich der Religion – betrifft, ihre Einschätzung als eine Art von sozialen Verkehrsregeln, hat schon vor fünfzig Jahren einen Carl Schmitt dazu gebracht, das Politische dann einfach als Bestimmung dessen anzusehen, was mir als Feind oder Freund gilt. Der Dezisionismus dieses scharfen, verführerischen Analytikers entspricht genau der Denkweise einer existentialistischen Zeit: Existenz ist nur im Akt des Handelns und Entscheidens, wahr ist, was dieser Augenblick bedeutet. Der Carl Schmitt der dreißiger Jahre tritt so heute erneut unter die Intellektuellen.

Die Macht entzieht sich in der hochkomplexen Struktur der modernen Gesellschaft weithin wirksamer öffentlicher Kontrolle. Ihre natürliche Tendenz zur Verfestigung und Erstarrung gerät in Widerspruch zum Veränderungswillen einer auf Dynamik angelegten Epoche, Machteliten schließen sich ab, korrumpieren und bereiten so den Boden für neuen Cäsarismus. Die Kälte der Apparate hinwieder, die technisch-organisatorische Vernetzung des Alltags drängen den einzelnen aus dem öffentlichen Leben hinaus – Hochkonjunktur für Gurus aller Art, für Gnosis und „Esoterik".

Was bleibt dann vom Staat, so wie wir ihn aus der Neuzeit kennen? Ist er heute noch Inbegriff des Politischen? Gerät er nicht in den Sog einer erdumspannenden Bewegung, die seine Regeln und Kompetenzen durch Machtkonzentration, Internationalisierung wie Massenkommunikation längst ausgehöhlt hat? Er rutscht in das Kapitel „Daseinsfürsorge". In bezug auf die Macht habe „keine andere menschliche Fähigkeit in solchem Ausmaß gelitten wie die Fähigkeit zu handeln", notierte in den siebziger Jahren Hannah Arendt. Was ist aber ein Staat, der nicht mehr handeln kann, manchen schon unregierbar scheint, als ein Koloß auf tönernen Füßen?

Der Staat, wie wir ihn verstehen, ist aus der Säkularisierung der Macht entstanden. Was als Abbau von feudaler Herrschaft und klerikaler Befreiung begann und heute einen die ganze Erde umfassenden Befreiungsprozeß eröffnete, hat gerade in den Triumphen des Fortschritts immer mehr die Bedürftigkeit des Menschen erwiesen, seiner so gewonnenen Eigenmacht Halt zu verschaffen. Bedroht von Hybris und Absturz, muß diese Macht sich wieder in Verantwortung ziehen lassen. Diese Verantwortung verdunstet in unseren Tagen so wie die Autorität des Gesetzes und die Hoheit der Institution. Die totale Emanzipation der Macht von zeitlicher und ewiger Verantwortung könnte den Abbau von Unterdrükkung aller Art dann nur mit neuer Vergewaltigung des Menschen beenden – aus der Person würde Funktion und selbst „Material", das öffentliche Leben wieder einmal zum verachteten „System".

Wir Zeitgenossen warten auf etwas, das macht die Unruhe und Angst dieser Jahre aus. Das allgemeine Bewußtsein hinkt immer noch den Konsequenzen einer fortgesetzten und sich beschleunigenden Akkumulation der Macht nach, die der Verantwortung davongelaufen ist. An den Grenzen des menschlich Machbaren tritt so die Religion wieder als Frage an den Menschen der Gegenwart heran. Religion läßt sich nicht organisieren, sie verbürgt auch nicht, wie die Geschichte lehrt, automatisch höhere

Moral. Aber sie stabilisiert schon dadurch, daß sie dem Menschen sein Maß zurückgibt. Und dieses Maß lehrt ihn Verantwortung, gibt ihm Gewissen, macht ihn demütig, läßt in all dem auf eine neue Kultur in der Politik hoffen.

Die historisch-moralische Dimension der österreichischen Politik

Norbert Leser

Ich habe die Einladung zu diesem Symposion als Auftrag verstanden, das Thema „Macht und Moral" an die Zeitgeschichte heranzuführen und in Zusammenhang zu bringen mit dem eigentlichen Anlaß dieses Symposions, nämlich dem österreichischen Nationalfeiertag 1986, einige zeitgeschichtliche Bezüge herzustellen und eine Standortbestimmung der gegenwärtigen politischen Situation Österreichs aus meiner Sicht vorzunehmen.

Dieser Nationalfeiertag inmitten einer bewegten Zeit und eines Wahlkampfes ist auch ein Anlaß zur Besinnung auf das, was erreicht wurde und worauf wir als Österreicher mit Stolz und Genugtuung zurückblicken können. Und das wiederum, glaube ich, können wir nicht rekonstruieren, ohne einen Zusammenhang zur Vergangenheit herzustellen, zur Vergangenheit der Ersten Republik. Speziell deshalb, weil hier sehr viele junge Menschen sind, fühle ich mich mehr noch, als es sonst der Fall gewesen wäre, bestimmt, diese Besinnung auf die zeitgeschichtlichen Zusammenhänge durch einen Vergleich zwischen der Ersten und der Zweiten Republik zu untermauern und einzuleiten, weil nur durch einen solchen Vergleich die eigentlichen Fortschritte sichtbar werden, die in der Zweiten Republik errungen wurden.

Heute erscheint uns vieles als selbstverständlich – der Mensch neigt dazu, alles, was er vorfindet, als selbstverständlich anzunehmen und häufig zu vergessen, welch bittere Umwege und Kämpfe notwendig waren, um zu dieser relativ befriedigenden Situation, in der wir uns heute befinden, zu gelangen.

Wenn man nun das Österreich der Ersten Republik zum Vergleich mit der Zweiten Republik heranzieht, so fällt einem etwas auf, das heute so selbstverständlich geworden ist, daß man es eigens reflektieren muß, um die Vergangenheit überhaupt zu verstehen. Nämlich, daß die Eigenstaatlichkeit und Lebensfähigkeit Österreichs eine Frage ist, die nicht nur im Jahre 1986, sondern seit 1945 von der großen Mehrheit der Österreicher selbstverständlich bejaht wurde, obwohl die Bedingungen von 1945 zum Teil noch schwieriger waren als 1918. Schließlich war Österreich 1945 ein vierfach besetztes Land und seine Zukunft außerordentlich ungewiß. Heute scheint es uns, als ob dieser Weg zur Freiheit sozusagen ein gerader

Weg gewesen wäre. Wenn man aber die Weichenstellungen reflektiert und die Fallen und Tücken, die es da gegeben hat, so könnte man sich ebensogut eine ganz andere Wendung und Entwicklung unserer Zweiten Republik vorstellen. Zum Teil war es das Geschick der Staatsmänner nach 1945 wie Karl Renner und Leopold Figl gewesen, daß die richtigen Weichenstellungen zur richtigen Zeit vorgenommen wurden, aber auch die Gunst der Weltpolitik und die Fügung, die uns dann in die Lage versetzt hat, aus einem befreiten Land ein wirklich souveränes Land – durch den österreichischen Staatsvertrag – zu werden.

Was aber von allem Anfang an diesen Stabilisierungsprozeß ermöglicht hat, war die grundverschiedene Einstellung gegenüber 1918, als die große Mehrheit der Österreicher diesen Staat, der da aus dem Zerfallsprozeß des alten Österreich hervorgegangen war, nicht bejaht, sondern mehr oder weniger als eine Fatalität hingenommen hatte. Im Gegensatz zu anderen Staaten, wo die Staatsgründung das Ergebnis eines langen revolutionären Prozesses darstellte, war in Österreich dieser Staat, der sich 1918 gebildet hatte, mehr eine Reaktion auf den Exodus der nichtdeutschen Nationalitäten, die nicht mehr in einem gemeinsamen Staatsverband mit den Deutschen Österreichs leben wollten und deshalb ihre eigenen Wege gegangen sind, ihre eigenen Staaten proklamiert haben. Den Deutschen Österreichs blieb somit gar nichts anderes übrig, als einen eigenen Staat auszurufen. Ich glaube, die Situation von 1918, die so grundverschieden war von der im Jahr 1945, am besten mit einem Vergleich illustrieren zu können. Die Österreicher waren 1918 vergleichbar mit einer Familie, die, über Nacht aus einer geräumigen Wohnung zwangsdelogiert und auf Zimmer/Küche gesetzt, sich nun nach einer gleich großen oder womöglich noch größeren Ersatzwohnung sehnt. Die meisten Österreicher konnten oder wollten sich 1918 nicht vorstellen, daß es auch möglich ist, innerhalb der Grenzen eines Kleinstaates zu leben. Man hatte sich damals noch kein Beispiel an der Schweiz genommen, die aus ihrer Kleinheit nie den falschen Schluß der Minderwertigkeit und der Nichtlebensfähigkeit gezogen hat – obwohl schon Karl Renner und anderen ein Österreich nach dem Muster der Schweiz vorschwebte, sozusagen eine „Eidgenossenschaft der österreichischen Nationen“. Erst nach 1945 hat man dann das Schweizer Beispiel, vor allem in bezug auf die Neutralität, herangezogen. Und im Lichte dieser Parallelität entdecken wir eine interessante Verbindung und Schicksalsgemeinschaft mit diesem Staat und dieser Demokratie, von der man im übrigen, auch was die Sparsamkeit der Verwaltung und die Stellung der Politiker usw. anlangt, sehr viel lernen könnte.

1918 aber war es noch nicht soweit. Die Mehrheit der Österreicher empfand diesen Staat nicht als lebenswürdig, und die Überzeugung, daß

Österreich nicht lebensfähig sei, war eine vor allem in mittelständischen und akademischen Kreisen mehr oder weniger feststehende, die nicht auf einem rationalen, ökonomischen Kalkül beruhte, sondern einfach auf der Unwilligkeit und Unfähigkeit, sich auf die neue Situation, die durch diesen Reduktionsschock entstanden war, einzustellen.

Wie ja häufig im Leben der Mensch den Wert einer Sache erst dann schätzen lernt, wenn diese zeitweise verloren ist, so war es auch mit der Unabhängigkeit Österreichs, die dem Land 1945 wieder geschenkt wurde, nicht ohne daß die Österreicher auch durch eigene Kraft und durch ihre Gesinnungsänderung ihren Beitrag zu dieser Wende geleistet hätten. Da wurde die Frage der Lebensfähigkeit, die 1918 die zentrale Frage war, gar nicht mehr gestellt, sondern man war froh, diesen Staat wieder erhalten zu haben – nicht nur deshalb, weil es nicht sehr opportun war, im Jahre 1945 das Schicksal Deutschlands zu teilen, sondern auch deshalb, weil die Österreicher diesen Staat als eine selbständige Größe anzuerkennen gelernt hatten, sich nach ihm gesehnt hatten.

In der Ersten Republik konnten sich demgegenüber auch die meisten politisch Verantwortlichen keine andere Lösung vorstellen, als daß der Kleinstaat möglichst bald wieder in einer größeren Einheit aufgehen sollte; nach der Lage der Dinge konnte das in deren Augen nur der Anschluß an Deutschland sein. Es hat auch andere Konzeptionen gegeben, wie die Versuche der Restauration der Monarchie oder die Gedanken einer Donaukonföderation. Aber diese waren verhältnismäßig vage und unrealistisch im Vergleich zu dem Ziel, das sich ja die Österreicher 1918 selbst gestellt hatten. Und es ist meines Wissens in der Staatengeschichte ein ziemlich einmaliger Vorgang, daß ein Staat – wie Österreich am 12. November 1918 – mit demselben Beschluß, mit dem er sich als selbständiger Staat konstituiert, gleichzeitig seine Selbständigkeit wieder aufgibt und sich als Bestandteil eines anderen Staates erklärt. Wir wissen, daß es dann nicht zu diesem Anschluß gekommen ist: wegen des Vetos der Siegermächte, die gar kein Interesse hatten an einem weiteren Gebietszuwachs Deutschlands. Und so ist den Österreichern die Erfüllung dieses Wunsches versagt geblieben, bis er dann unter ganz anderen Vorzeichen doch noch erfüllt wurde (was die meisten Österreicher auch von ihm kuriert hat).

Dieser Unterschied also ist entscheidend festzuhalten: daß im Jahre 1945 und nachher die Frage der Selbständigkeit und Lebensfähigkeit Österreichs gar kein Diskussionsgegenstand mehr war, sondern von allem Anfang an unter schwierigsten Umständen eine Aufbauarbeit von den entscheidenden politischen Kräften geleistet wurde – obwohl die äußeren Umstände der Befreiung vor allem in der sowjetischen Besatzungszone nicht dazu angetan waren, besondere Begeisterung für diese Befreiung zu erwecken. Dennoch wurde es möglich, weil die entscheidenden politischen Kräfte dieses Landes, die großen politischen Lager, von allem Anfang an zusammenstanden und eine große Koalition gebildet hatten: die man heute zwar sehr stark kritisiert, wobei aber vielfach der Fehler begangen wird, gewisse Erstarrungserscheinungen der Spätphase über diese ganze große Koalition als ein historisches Verdikt zu verhängen. In Wirklichkeit war vielmehr diese große Koalition bis 1955, also bis zum Staatsvertrag, unentbehrlich und von großer erzieherischer Wirkung. Erst in den späteren Jahren, vor allem seit der Habsburg-Krise 1963, geriet diese Koalition in strukturelle Schwierigkeiten, die dann im Jahre 1966 durch eine Wählerentscheidung auch gelöst wurden.

Man sollte sich trotzdem bei dieser Gelegenheit daran erinnern, daß die große Koalition nicht nur eine Not- und Verlegenheitslösung war, sondern von der Überzeugung der damals entscheidenden Männer getragen, die zum Teil aus dem Widerstand, aus dem Untergrund, aus der inneren Emigration oder aus den Konzentrationslagern zurückgekehrt waren und sich zu dieser Regierungsform zusammengefunden haben, obwohl bekanntlich eine Partei bei den Wahlen des Jahres 1945 die absolute Mehrheit erlangt hatte, es also durchaus möglich gewesen wäre, parlamentarisch allein zu regieren. Das ist nicht geschehen, nicht nur im Hinblick auf die Situation der Besatzung, sondern auch deshalb, weil die entscheidenden politischen Kräfte fürchteten, in die Bürgerkriegssituation, in die Polarisierung der Ersten Republik zurückzufallen, und diesen Weg von allem Anfang an nicht mehr beschreiten wollten.

Diese Koalition hat jedenfalls einen Konsens herbeigeführt, der trotz allen Wechsels der Regierungssysteme seither im großen und ganzen standgehalten hat. Das ist eine historische Leistung, die man nicht gering bewerten sollte, denn es haben viele – darunter auch Bruno Kreisky, der am meisten vom Gang in die Opposition 1966 profitiert hat – vor jenem Weg der Polarisierung gewarnt.

Aber noch etwas anderes war von entscheidender Bedeutung für das Gelingen dieser Zweiten Republik: die Tatsache, daß auch im sozialen Bereich von allem Anfang an eine andere Grundeinstellung herrschte als in der Ersten Republik. Es ist ja eine internationale Erfahrungstatsache, daß – solange in einem Land keine volle Souveränität herrscht – alle inneren Gegensätze zurücktreten. Aber das Entscheidende war, daß auch nach dem Staatsvertrag, durch den dieser äußere Druck beseitigt wurde, die konsensbildenden Elemente sich stabilisiert haben und erhalten geblieben sind, vor allem auch im sozialen Bereich. Keineswegs selbstverständlich ist, was seit 1945 auf diesem Gebiet geschah, beginnend damit, daß von allem Anfang an ein überparteilicher Gewerkschaftsbund geschaffen wurde im Gegensatz zu den Richtungsgewerkschaften der Ersten Republik. Dieser Gewerkschaftsbund wird zwar traditionell stark von einer Fraktion dominiert, ist aber seiner Konstruktion nach überparteilich und jedenfalls faktisch ein stabilisierendes Element. Viele sehen ja auch in der Sozialpartnerschaft, die nicht zuletzt von diesem Gewerkschaftsbund getragen wird, die geheime stabile Achse unseres ansonsten zunehmend sich abnützenden politischen Systems. Diese Sozialpartnerschaft, die schon 1945 grundgelegt und später institutionalisiert wurde durch das berühmte Raab-Olah-Abkommen und durch Einrichtungen wie die Paritätische Kommission und den Beirat für Lohn- und Wirtschaftsfragen, brachte sozusagen die Überwindung oder die inhaltliche Veränderung des Klassenkampfes im Sinne von Karl Renner, der schon in der Ersten Republik dafür eingetreten war, den sozialen Kampf durch die Rechtsordnung zu sublimieren, ihn zu transformieren: So wie die Rechtsordnung entstanden ist durch die Ablösung der Blutrache und ihre Ersetzung durch den staatlichen Strafanspruch, so sollte auch der soziale Kampf, der zuweilen bis aufs Messer geführt wurde, ersetzt werden durch eine institutionalisierte Konfliktregelung. Diese liegt in Österreich in der Sozialpartnerschaft vor und hat im großen und ganzen trotz aller Veränderungen dem Sturm der Zeiten standgehalten und Österreich einen sozialen Frieden sondergleichen beschert. Aber nicht nur wegen dieser praktischen Folgen ist diese Sozialpartnerschaft trotz aller Kritik als Positivum historisch zu verbuchen, sondern auch deshalb, weil diese Sozialpartnerschaft eine Absage an soziale Visionen darstellt, die von der totalen Polarisierung und einem Endkampf zwischen den sozialen Klassen ausgehen. Mit der Sozialpartnerschaft ist diese Perspektive, auch wenn sie von kleinen Gruppen nach wie vor programmatisch aufrechterhalten wird, in Wirklichkeit zu Grabe getragen worden. Es ist also nicht mehr das Ziel, das soziale Gegenüber aus der Wirklichkeit zu verdrängen.

Damit aber hat auf der einen Seite die Sozialdemokratie mit ihrem starken politischen Druck eine Veränderung in Richtung Wohlfahrtsstaat herbeigeführt, die bewußtseinsbildend gewirkt hat, auf der anderen Seite konnte sich aber inhaltlich auch eine Doktrin der katholischen Soziallehre durchsetzen. Denn die Idee des friedlichen Zusammenwirkens von Kapital und Arbeit ist nicht etwas, das aus dem Herzen der marxistischen Doktrin kommt, vielmehr von den Päpsten verkündet wurde – zu einer Zeit, die dafür vielleicht noch nicht reif war; aber nach den historischen Erfahrungen ist diese Reife eingetreten. Und so entstand ein System, das in der Bilanz auch für die Arbeitnehmer besser ist als ein System totaler Konfrontation, das, wie wir aus den Erfahrungen der Ersten Republik wissen, nicht nur in die politische, sondern auch in die soziale Katastrophe mündet.

Ein weiterer überaus positiver Unterschied gegenüber der Ersten Republik besteht darin, daß die katholische Kirche als die Kirche, zu der sich die große Mehrheit der Österreicher nach wie vor – wenigstens auf dem Papier – bekennt, nunmehr eine ganz andere Rolle spielt. Damals hatte sie sich aus bekannten historischen Gründen sehr stark mit einer politischen Partei identifiziert. Diese Identifizierung ist zum Ausdruck gekommen in der Person des Priester-Politikers Ignaz Seipel, der allerdings, wie wir aus seinen Tagebüchern wissen, die jetzt erst voll veröffentlicht werden, gegen Ende seines Lebens sich selbst die bohrende Gewissensfrage vorgelegt hat, ob es richtig war, Sacerdos und Pontifex – Priester und Staatsmann – in einer Person zu sein. Die Kirche hat denn auch diese Frage noch vor dem Eintreten des Bürgerkrieges bereits 1933 zugunsten eines Rückzuges der Priester aus dem politischen Leben entschieden. An dieser Entscheidung wurde, nicht nur in Österreich, sondern nach 1945 auch weltweit, festgehalten. Diese Haltung führte schließlich nicht nur zu einem Rückzug aller Priester aus dem aktiven politischen Leben, sondern auch zu einer Neutralität der Kirche, zu einem Nichteingreifen in Wahlkämpfe und in aktuelle Auseinandersetzungen, was nicht heißt, daß die Kirche nicht zu grundsätzlichen moralischen Orientierungsfragen einer Gesellschaft nach wie vor ihre Stimme erheben sollte. Sie tut dies ja auch, wenngleich vielleicht manchmal zuwenig. Auch auf der anderen Seite dieses großen Kulturkampfes, der in der Ersten Republik zwischen der Sozialdemokratie und den Christlichsozialen geführt worden war, hat es eine Gesinnungsänderung gegeben, zu der nicht zuletzt Bruno Kreisky beigetragen hat und die dann auch letzten Endes in Konkordatsverträge einmünden konnte. Die in der Ersten Republik strittigen Materien, vor allem die Frage der konfessionellen Schulen und der Subventionen, wurden davon in einer für die Kirche befriedigenden, jedenfalls einvernehmlichen Weise gelöst. Wir sollten uns dennoch nicht darüber hinwegtäuschen, daß dieser Friede zwischen einstmals verfeindeten Mächten vielfach um den Preis einer allgemeinen Gleichgültigkeit erzielt wurde und daß es nicht immer geistige Verarbeitung ist, die zu diesem Ergebnis geführt hat. Man wird wohl oder übel akzeptieren müssen, daß man nicht beides haben kann: die relativ stabilen Zustände unserer Zweiten Republik und gleichzeitig die Begeisterungsfähigkeit, die in der Ersten Republik vorhanden war, der große Idealismus, gepaart aber mit Fanatismus und Intoleranz –, so daß wir uns danach – trotz mancher positiver Begleiterscheinungen – nicht zurücksehnen.

Ein weiterer Faktor, der schon rein äußerlich die Verschiedenheit dieser Zweiten Republik gegenüber der Ersten zeigt, ist die Tatsache, daß die paramilitärischen Organisationen, die seinerzeit das Straßenbild beherrscht und an jedem Wochenende heikle Situationen, ja 1928 in Wiener Neustadt fast einen Bürgerkrieg heraufbeschworen hatten, nicht mehr existierten. Auch das Bundesheer war und ist nicht mehr Gegenstand erbitterter Auseinandersetzungen. Wenn es Probleme bietet, so sind es häufig solche, die mit der Person des jeweiligen Verteidigungsministers zusammenhängen, aber nicht mehr mit der Frage, ob das Heer von einem Bevölkerungsteil gegen den anderen eingesetzt werden soll. Diese geringere Militanz unseres politischen Lebens ist etwas, das sich wohltuend von der Vergangenheit unterscheidet.

Ein wesentlicher Unterschied, den man nicht geringschätzen sollte bei einer solchen historischen Bilanz, ist die veränderte Stellung der Länder gegenüber der Zentralgewalt, gegenüber Wien. Zwar gibt es heute noch genügend Probleme dieser Art, und gerade in der letzten Zeit sind sie wieder verstärkt aufgetreten, doch sind sie sicherlich nicht zu vergleichen mit der Situation der Ersten Republik, als die Bundesländer schon aus politischen Gründen der Zentralgewalt mit Ablehnung gegenüberstanden und man vom „Wasserkopf Wien" sprach. In Salzburg und in Tirol gab es sogar Volksabstimmungen, in welchen man für den Anschluß an Deutschland votierte, eben weil man mit diesem Zentralstaat nicht allzuviel zu tun haben wollte. Auch diesbezüglich kam mit 1945 ein grundsätzlicher Wandel, obwohl die Gefahr einer Teilung Österreichs lange Zeit durchaus vorhanden war.

Auf den berühmten Länderkonferenzen im September und Oktober 1945 aber haben die österreichischen Bundesländer der Regierung Renner, die damals von den Westmächten noch als von den Sowjets eingesetzt beargwöhnt wurde, den Rücken gestärkt und ihr damit auch moralische Autorität gegeben. Vor allem zwei Entscheidungen Renners und seiner Regierung waren von einschneidender Bedeutung für das Gelingen dieses österreichischen Weges nach 1945: Einerseits, daß Renner von allem Anfang an die Regierung als für ganz Österreich zuständig erklärt hat; ein Verlangen, dem sich die Sowjets nicht widersetzen konnten, da es ja schließlich die von ihnen eingesetzte Regierung war. Das hat allen späteren Teilungsbestrebungen von österreichischer Seite einen Riegel vorgeschoben. Das zweite war die Entscheidung, möglichst bald Wahlen herbeizuführen. Denn diese haben durch ihren Ausgang die demokratische Entwicklung Österreichs bestärkt. Ohne diese rechtzeitige Weichenstellung hätte sich der Weg Österreichs ganz anders und viel negativer entwickeln können. Dazu kam, daß man relativ frühzeitig die Idee der Neutralität nach Schweizer Muster entdeckt hatte. Renner selbst schrieb als Bundespräsident einen großen Aufsatz in der „Wiener Zeitung", in dem er schon im Jahre 1947 auf diese Möglichkeit aufmerksam machte; das war inmitten dieser komplizierten Situation vor den Staatsvertragsverhandlungen sozusagen der rettende Gedanke, der es auch den Sowjets ermöglicht hat, die österreichische Neutralität zu akzeptieren.

Wir können also bei diesem Vergleich zwischen Erster und Zweiter Republik zu einer durchaus positiven Bilanz kommen, die allerdings, wie jede menschliche Bilanz immer, nur eine Zwischenbilanz sein kann und uns nicht der Sorge um die Zukunft enthebt. Gerade in den vergangenen Jahren und Monaten sind besorgniserregende Erscheinungen in Österreich zu bemerken gewesen, die uns zwingen, auch auf die Schattenseiten dieser an sich positiven Entwicklung einzugehen und sie zu beachten, weil sonst die Gefahr besteht, daß der positive Haupttrend durch negative Nebenwirkungen allzu stark überwuchert und im Bewußtsein vieler Menschen verdunkelt wird. Daher ist auch diese Stunde ein Anlaß, über diese Besorgnisse, über diese Gefahren zu sprechen, die der Zweiten Republik drohen; Gefahren, welche 1945 grundgelegt und zwischenzeitlich vielleicht übersehen wurden oder sich als Kehrseite des damals grundgelegten Konsens eingestellt haben.

Wesentlich erscheint in diesem Zusammenhang die in Österreich sehr stark ausgeprägte Ingerenz der Politik, näherhin der Parteipolitik, auf das Leben der Menschen – auf ihr Fortkommen, auf die Zuteilung von Wohnungen und auf alle die Lebensbezüge, die in vielen anderen westlichen Staaten dem Einfluß der Parteien weitgehend entzogen sind, sich in Österreich aber nach wie vor zu stark in deren Griff befinden. Vielleicht läßt sich diese Einflußnahme der Parteien auch auf das persönliche Leben historisch dadurch erklären, daß sie 1945 sozusagen *vor* dem Staate da waren, sich reorganisiert haben, bevor noch die staatlichen Organe gebildet waren, und aus dieser „Schöpferrolle" eine Art Allmachtsbewußtsein entwickelt haben. Und so ist etwa die starke Organisationsdichte der österreichischen Parteien nicht nur ein Ausdruck der politischen Überzeugtheit der Menschen, sondern eben auch die Folge von Traditionen sowie eines sanften Druckes. Die Parteipolitik spielt somit eine zu große Rolle im Leben der Bürger, und vor allem junge Menschen lehnen sich heute zunehmend gegen diesen Druck auf. Die Parteien wären besser beraten, wohl von sich aus zurückzustecken und diese Entwicklung abzufangen, bevor diese unter Umständen zu einer Krise des Parteiensystems führt.

Eine zweite Frage, die heute sehr stark diskutiert wird, und dies mit Recht, ist die des Umbaues unseres politischen Systems. Gemeint ist nicht ein Totalumbau bis hin zu einer neuen Verfassung, denn das dauert bekanntlich sehr lange. Wir wissen das aus der Grundrechtsdebatte: Wir haben eigentlich bis heute keinen Grundrechtskatalog, sondern wir haben ihn aus dem vorigen Jahrhundert übernommen und uns noch keinen geschaffen, der den neuesten Anforderungen entspräche. (Man sollte also hier keinem juristischen Perfektionismus huldigen.) Aber es gibt Probleme, die so dringend sind, daß sie auch vor einer Totalrevision der Verfassung einer energischen Veränderung bedürfen. Und hier ist m. E. vor allem das Wahlrecht ein entscheidender Hebel; diese Einsicht haben ja auch die beiden Großparteien zumindest in ihren Wahlprogrammen erkennen lassen: daß man hier Veränderungen vornehmen muß, weil das Wahlrecht tatsächlich für die Stellung des Abgeordneten, für die Stellung des Parlaments und damit für das ganze politische System von entscheidender Bedeutung ist. Wenn hier eine Veränderung vorgenommen wird, die dem einzelnen Abgeordneten einen größeren Spielraum einräumt, so würde sich das durchaus positiv auf das politische Gesamtsystem auswirken.

Bei dieser Gelegenheit ist es vielleicht auch nicht überflüssig, darauf hinzuweisen, daß Politiker natürlich das, was sie getan haben, als die jeweils einzige Möglichkeit darzustellen bemüht sind. In historischer Rückschau sind aber auch die Alternativen, die möglich gewesen wären, zu reflektieren. Es wäre zum Beispiel möglich gewesen, eine ganz andere Reform des Wahlrechtes durchzuführen, als sie in Österreich tatsächlich, vor allem durch die Wahlrechtsreform 1970, durchgeführt wurde. Die Einführung des Mehrheitswahlrechtes etwa hätte von vornherein sichergestellt, daß erstens die Stellung des Abgeordneten eine relativ starke ist, und zweitens, daß die eine Partei die Regierung bildet, die andere die Opposition. Wenn man aber schon die Weichenstellung in die gegenteilige Richtung, nämlich Förderung kleiner Parteien ohne Fünf-Prozent-Klausel, durchgeführt hat, so darf man sich nicht wundern, wenn beinahe ein Zwang zur großen Koalition entsteht oder aber Österreich bei einem Vielparteiensystem unter Umständen schwer regierbar wird. Nach meinem Dafürhalten muß sich der Pluralismus eines politischen Systems nicht unbedingt in einer Vielzahl von Parteien manifestieren; wir können in dieser Beziehung durchaus etwas von den USA lernen, wo auch nur zwei Parteien existieren, diese Großparteien aber in sich lose Gebilde sind und nicht festgefügte Lager wie die der österreichischen Innenpolitik. Dies könnte durchaus als positives Beispiel herangezogen werden, so wie auch die Tatsache, daß sich der amerikanische Präsident, obwohl er die mächtigste Figur des politischen Prozesses ist, von Fall zu Fall um eine Mehrheit für seine Vorlage in der gesetzgebenden Körperschaft bemühen muß und nicht damit rechnen kann, daß seine Parteigänger quasi auf Knopfdruck eine bestimmte Entscheidung treffen, wie es in Österreich derzeit noch möglich ist.

Im Jahr 1985 sind in Österreich zwei Entscheidungen gefallen, die mir deutlich zu Bewußtsein gebracht haben, daß, wenn es eine freie Meinungsbildung gäbe, Entscheidungen fallen würden, die quer durch die Parteien gehen und manche Strategien von Parteiführern durcheinanderbringen würden. Die erste war der Mißtrauensantrag der Opposition gegen den Minister Frischenschlager (im Fall Reder), der in Wirklichkeit natürlich einer gegen die kleine Koalition war. Deshalb mußte ihn die Sozialistische Partei auch ablehnen, sehr viele Abgeordnete aber stimmten gegen ihre sonstige Überzeugung. Das zweite Beispiel: Die klassische Wirtschaftspartei ÖVP hat den Initiativantrag zur Durchführung einer Volksabstimmung besonderer Art über „Zwentendorf" abgelehnt, obwohl dieser im Interesse der „Wirtschaft" gelegen wäre. Inzwischen ist die Tschernobyl-Katastrophe eingetreten, und heute würde vielleicht die Entscheidung anders ausfallen; damals aber hätte sie, wenn sie frei gefällt worden wäre, wahrscheinlich eine Mehrheit für diesen Antrag erbracht.

In beiden Fällen haben aber parteitaktische Überlegungen eine freie Mehrheitsbildung verhindert; wie wir erfahren haben, ist es in beiden Fällen nur durch Rücktrittsdrohungen der Partei- und Klubobmänner möglich gewesen, eine solche Einmütigkeit nach außen zu erzielen. Wie lange das noch funktionieren wird, ist eine andere Frage, denn Rücktrittsdrohungen sind in der Politik allemal eine Ultima ratio.

Die Parteien wären also gut beraten, wenn sie in Zukunft durch institutionelle Veränderungen dieser Situation die Spitze nehmen würden, indem sie durch ein geändertes Wahlrecht etwas ermöglichen würden, vor dem man in Österreich ebenso große wie unnötige Angst hat: Mehrheitsbildungen quer durch die Lager. Paul Claudel hat einmal gesagt: Gott schreibt auch auf krummen Zeilen gerade. Vielleicht gilt das auch für die Demokratie. Man sollte sich auf dieses Risiko einlassen. Ich glaube, daß es der Demokratie und wahrscheinlich auch den Parteien selbst sehr guttun würde.

Eine andere wichtige Änderung, die mir geboten erscheint, betrifft die Stärkung der Kontrollrechte des Parlaments und vor allem der Parlamentsminderheit. Denn das Parlament in seiner Mehrheit ist ja gewissermaßen identisch mit der Regierungspartei und tritt daher als Gesamtheit nicht in jener Kontrollfunktion in Erscheinung, die eigentlich von der klassischen Gewaltenteilungslehre her gefordert wäre. Es wäre also notwendig, daß Minderheiten stärkere Rechte als bisher erhalten, um z. B. die Einsetzung von Untersuchungsausschüssen erzwingen zu können. Das könnte wesentlich zur Verlebendigung der Demokratie beitragen.

Ich möchte bei dieser Gelegenheit auch an einer anderen Frage nicht vorbeigehen, die gerade im letzten Wahlkampf diskutiert wurde und die nicht nur eine tagespolitische, sondern auch eine moralische Frage ist: die sogenannte Bewältigung der Vergangenheit und die mangelnde „Trauerarbeit", die in Österreich nach 1945 geleistet wurde. Diese Frage wird in Form von Anklagen sehr häufig auch von jungen Menschen an die Adresse der damaligen und heutigen Politiker gerichtet. Ich greife hier zurück auf meine Salzburger Erfahrungen, wo ich ja neun Jahre als Professor für Politikwissenschaft tätig war und hier auch durchaus interdisziplinär gewirkt habe. Ich habe jahrelang mit Professor Stephan Rehrl, dem Moraltheologen, und Prof. Haimo Gastager, dem Psychiater, ein interdisziplinäres Seminar gehalten, in dem so ziemlich alle Probleme zwischen Himmel und Erde zur Sprache gekommen sind. Aus dieser moraltheologischen Berührung weiß ich, daß es zwei Extreme gibt, vor denen man sich hüten soll, nicht nur in der Moraltheologie, sondern auch in der Politik und im Leben insgesamt.

Einerseits ist das der Laxismus: „Alles verstehen heißt alles verzeihen." Die andere Gefahr ist der Rigorismus, dem zufolge man zu strenge Maßstäbe speziell an andere anlegt. (Sich selbst gegenüber kann man so streng sein, wie man will.) Und das ist vielleicht eine Maxime, die uns weiterhilft in dieser Frage der Vergangenheitsbewältigung. Es wird heute häufig gesagt, daß die Formel der „Moskauer Deklaration", daß Österreich das erste Opfer Hitlers war, sozusagen eine Lebenslüge der Zweiten Republik ist und daß wir uns durch diese Entschuldigung um die notwendige Gewissenserforschung herumgedrückt haben. Nun, daran ist sicherlich auch etwas Wahres; die Formel aber entspricht dennoch den historischen Tatsachen. Denn wäre Hitler sich 1938 der Mehrheit der Österreicher sicher gewesen, so hätte er nicht solche Angst vor dieser Volksabstimmung gehabt und hätte nicht einmarschieren müssen. Eine Mehrheit war es also nicht, aber es war sicherlich eine starke Minderheit aus den bekannten historischen Gründen, die damals viele Menschen den Anschluß als Erleichterung und Erlösung aus einer unerträglichen Situation empfinden ließen. Dennoch: Österreich ist nicht freiwillig gewichen! Es hat zwar keinen militärischen Widerstand geleistet – auch darüber kann man verschiedener Meinung sein, ob das zweckmäßig oder notwendig gewesen wäre –, aber es ist der Gewalt gewichen und nach der Okkupationstheorie nicht ausgelöscht worden, sondern nur zeitweilig an der Ausübung seiner staatlichen Funktionen und Organe gehindert gewesen.

Die Formel von Österreich als dem ersten Opfer Hitlers ist völkerrechtlich durchaus abgesichert und entsprach auch der Bewußtseinslage vor allem der politisch Verantwortlichen von 1945, die zum Teil aus den Konzentrationslagern kamen (wie Leopold Figl) und sich sehr gut mit dieser Formel identifizieren konnten. Außerdem hätte ein Zweifel an dieser Formel natürlich die Stellung Österreichs gegenüber den Alliierten entscheidend geschwächt, so daß sie schon aus diesem Grunde von niemandem in Zweifel gezogen wurde. Außerdem darf man nicht vergessen, daß sich Österreich 1945 vor den Zwang des Wiederaufbaus gestellt sah, seine Souveränität noch nicht erlangt hatte und daß daher alles vermieden wurde, was dazu beitragen hätte können, Österreich gleichsam auf die Anklagebank zu bringen. Wenn man also den Männern des Jahres 1945 heute den Vorwurf macht, daß sie zuwenig zur Bewußtseinsbildung beigetragen haben, so muß man auch die Umstände ihres Wirkens in Betracht ziehen, vor allem einen, der heute von vielen verschwiegen wird: Damals bestand natürlich die Gefahr der Volksdemokratie, die Gefahr einer kommunistischen Machtergreifung. Sie wurde vom damaligen Innenminister Helmer zum Beispiel als eine viel größere und näherliegende eingeschätzt als der Nazismus, den man für einen historisch erledigten Restbestand hielt und mit Hilfe der Polizei in Schach halten konnte. Wenn man diesen entscheidenden Umstand nicht berücksichtigt, kommt man zu einem falschen Bild und einem ungerechten Urteil über die Männer von damals, die unter besonders schwierigen Bedingungen ihre Arbeit leisten mußten. Man muß aber auch sagen, daß die Art der Entnazifizierung, wie sie in Österreich durchgeführt wurde oder wie sie Österreich aufgezwungen wurde, auch nicht dazu angetan war, eine Schuldeinsicht besonders zu fördern. Zum einen nämlich konnten sich diejenigen, welche nicht der NSDAP angehört hatten, von vornherein für exkulpiert halten (während in Wirklichkeit die Frage der moralischen Schuld quer durchgegangen ist und sich nicht auf NSDAP-Mitglieder beschränkt hat). Zum zweiten lag bei vielen, die unter die Verbotsgesetzgebung fielen, ein bloßes Formaldelikt vor, das sie in keinen moralischen Schuldzusammenhang brachten. Außerdem haben die Großparteien sehr bald begonnen, diese Gruppe, die 1945 von den Wahlen ausgeschlossen war, zu umwerben. So ist es zu verstehen, daß in der Auseinandersetzung mit der Vergangenheit manches unterlassen wurde, was heute eine junge Generation einfordert. Allerdings läßt sich einmal Versäumtes später nur bis zu einem gewissen Grade nachholen. Und man sollte sich auch bei diesem Nachholprozeß – im Sinne dessen, was ich weiter oben über den Rigorismus angeführt habe – vor einer Gefahr hüten, nämlich an die Brust der anderen zu klopfen, vor allem der Vorfahren. Das ist zwar sehr beliebt, aber ebenso problematisch, da wohl keiner mit letzter Sicherheit von sich sagen kann, ob er sich in einer bestimmten Situation tatsächlich anders, d. h. besser verhalten hätte.

Man sollte auch hier die gebotene Mitte zwischen Rigorismus und Laxismus halten! Vor allem aber: Wenn man diese Debatte schon nachträglich führt, so sind überall gleiche Maßstäbe anzulegen.

Denn nach meiner Auffassung hat nur derjenige das Recht, die Diktatur des Nationalsozialismus wirklich zu bekämpfen und anzuprangern, der auch allen anderen Diktaturen in der Welt von heute eine Absage erteilt. Es geht nicht an, über linke Diktaturen kein Wort zu verlieren, ja sie sogar salonfähig zu machen, und auf der anderen Seite die Diktaturen der Vergangenheit oder der Gegenwart, die unter einem anderen Vorzeichen stehen, negativ zu belasten. Wenn man Diktaturen ablehnt, so muß man wohl fraglos nach beiden Seiten Gerechtigkeit walten lassen.

Abschließend ein letztes, aktuelles Beispiel: Sehr viele Menschen in Österreich bewegt die Frage des Privilegienabbaues, der bekanntlich auch mehr angekündigt als durchgeführt wurde, wobei auch sehr viel Demagogie im Spiel ist. In der Regel werden stets die Politiker als einziger Anwendungsfall gesehen, während über andere und durchaus vergleichbare Dinge in der Gesellschaft nicht gesprochen wird. Nun ist es aber einmal so, daß sich diejenigen, die in der Öffentlichkeit stehen, eine besonders kritische Musterung gefallen lassen müssen. Die Verantwortlichen wären deshalb gut beraten, von sich aus allen Angriffen in dieser Richtung die Spitze zu nehmen.

Soweit einige Gedanken zur historisch-moralischen Dimension der österreichischen Politik. Möge es uns gelingen, diese „Schönheitsfehler", die allerdings mehr als Schönheitsfehler geworden sind, zu korrigieren: durch institutionelle Maßnahmen, vor allem aber durch eine Gesinnungsänderung! Ich glaube, daß die Mahnung der Päpste heute mehr denn je beherzigt werden sollte: Gesinnungs- *und* Zuständereform. Gesinnungsreform allein bleibt unverbindlich, Zuständereform allein führt nicht zu der notwendigen Änderung. Beides zusammen erst ist erfolgversprechend, und gerade Österreich bietet ein Beispiel dafür, daß es aufgrund seiner Geschichte tatsächlich wert ist, *beide* Reformen in diese Republik zu investieren, um ihr jenes Ansehen zu erhalten, das sie aufgrund ihrer Leistungen in der Welt verdient.

Podiumsdiskussion

zwischen
Karl Graf Ballestrem, Klaus Harpprecht, Arno Gasteiger, Rudolf Kirchschläger, Norbert Leser, Otto Schulmeister

Leitung: Hans Spatzenegger

SPATZENEGGER: Zu Beginn möchte ich bitten, zunächst das Referat Schulmeister zu besprechen, weil dazu unsere bundesdeutschen Kollegen und Experten mehr zu sagen haben, und daran die „innerösterreichische" Diskussion mit Professor Leser anzuschließen.

HARPPRECHT: Ich war überwältigt von dieser Galaxie von Ideen, Erscheinungen, Gestalten und Metaphern, die im Referat von Schulmeister auf uns zukam. Daraus resultieren natürlich viele Fragen, denn der Ansatz war ebenso umfassend, wie er in die Tiefe ging.

Schulmeister hat sicher sehr recht mit der Mahnung, daß man hinter den flüchtigen Erscheinungen unserer Debatten über diese und jene Probleme die Unruhe sehen soll, die viele Menschen umtreibt, jüngere wie ältere: Man nennt es im Deutschen etwas angestrengt die Sinnfrage. Das Referat hatte fast visionäre Elemente, wenn darin gefragt wurde, ob wir in unserer Ratlosigkeit nicht in neue Katastrophen oder in *die* Katastrophe hineintreiben?

Aber hinter diese fast magische Beschwörung der Krise möchte ich doch ein Fragezeichen setzen. Ist es nicht so, daß dieses Heraufbeschwören der Krise fast etwas Hypnotisches, etwas Suggestives bekommt? Daß wir uns in eine Katastrophenstimmung hineinreden, hineindichten – wie es den Generationen vor 1914 widerfuhr?

SCHULMEISTER: Wir fühlen uns in Wahrheit nicht mehr repräsentiert. Die Apparate haben das für uns übernommen, und ich, wir, die kleine Gruppe, haben überhaupt keine Chance, hier noch zu Wort zu kommen. Die servieren mich doch alle ab. Nur auf das wollte ich die Aufmerksamkeit lenken: daß wir die Staatsform, deren wir uns noch erfreuen, nicht durch Entzug persönlicher Überzeugung, der Idee, des utopischen Elements in ihr um ihr Leben, ihre soziale Gestaltungskraft bringen! Eine neue Mobilmachung für diese Gesellschaft freier Menschen, die ihre Stärke ja nur in dem Glauben findet, daß der Mensch nicht eine Ziffer ist, Freiheit etwas unermeßlich Kostbares, materielle Ausstattung nicht ihr Inhalt – solche Überzeugungen, wieder in das öffentliche Leben eingebracht, könnten uns rasch aus der derzeitigen Talsohle herausführen.

BALLESTREM: Es fällt schwer, einen Vortrag zu kommentieren, der auf so gebildete Weise einen so großen Bogen schlägt. Wenn man einen so erfahrungsgesättigten Pessimismus hört und etwas dagegen geltend machen will, gerät man leicht in den Verdacht eines törichten Optimisten, der noch nicht einmal etwas von der Dialektik der Aufklärung gehört hat. (Obwohl auch dieser Punkt einmal verdiente, diskutiert zu werden. Dann entdeckte man nämlich, daß diese Aufklärer die Dialektik der Aufklärung sehr wohl reflektiert haben und sehr gut wußten, daß Fortschritte auf einem Gebiet immer mit Rückschritten auf anderen Gebieten bezahlt werden müssen.) Aber ich meine, man muß mit so großen Entwürfen, wie sie uns hier präsentiert werden, doch auch kritisch umgehen, wenn man sie nicht einfach als unheimliche Kassandrarufe verhallen lassen will. Man muß nachfragen: Was ist eigentlich die Diagnose, und was ist – wenn überhaupt – die Therapie, die hier vorgeschlagen wird? Die Diagnose, wenn ich sie recht verstanden habe, zeichnet einen großen historischen Bogen unserer Zivilisation und führt von einer Ordnungskonzeption, hinter der der Geist des Christentums, des Gottesgnadentums usw. steht, über Hobbes und den Liberalismus zum Faschismus und Nationalsozialismus – und ab da geht es nur noch bergab. Wenn man da nun anfängt zu fragen . . .! Hobbes, zum Beispiel, war der umstrittenste Theoretiker seiner Zeit. Zur offiziellen Selbstdarstellung des Absolutismus gehört eher das Gottesgnadentum als der Leviathan. Auch die These, daß der Liberalismus durch seinen Rationalismus, Individualismus, seine Sinnentleertheit notwendig im Faschismus ende, die im Referat angedeutet wurde, diese ja auch von Marcuse und anderen vertretene These steht auf historisch sehr dünnen Beinen. Denn die Geschichte lehrt, daß sich totalitäre Regime dort durchsetzen konnten, wo der Liberalismus schwach war, und nicht dort, wo er stark war wie etwa in den Vereinigten Staaten oder in England.

Was mich aber am meisten beunruhigt hat und worüber ich um ein klärendes Wort bitten würde, ist die christliche Dimension in diesen Überlegungen: daß die Allmacht Gottes, der Bund mit Israel, der Auszug aus Ägypten, Moses als Politiker als das Paradigma christlicher Politik vorgestellt und dessen Verlust beklagt wird. Demgegenüber scheint es mir, daß die ganze historische Erfahrung uns lehrt, daß Gott uns in seiner Allmacht so nie zur Verfügung steht, um unsere Probleme zu lösen, nicht im privaten Leben und erst recht nicht in der Politik – etwa in Form eines inspirierten charismatischen Führers, der seine Legitimation direkt auf Gott zurückführen könnte. Auch Christus wollte sich nicht zum König machen lassen. Theokratien sind immer Anthropokratien, denen es in der Regel gerade an der Demut und an dem Gewissen fehlt, das hier für christliche Politik eingeklagt wird. Auf der anderen Seite muß das ja nicht eine Entleerung der Politik von christlichen Werten bedeuten. Betrachtet man etwa die Gründerväter der bundesdeutschen Demokratie nach dem Zweiten Weltkrieg, so standen diese zum großen Teil in der Tradition des Naturrechts und der christlichen Soziallehre und haben versucht, einen pluralistischen Staat auf dieser Wertbasis aufzubauen, der gleichzeitig ohne totalitäre, ohne fanatische, ohne einheitliche Züge auskommt. Daß diese Art von pluralistischer Demokratie immer auf einem sehr labilen Gleichgewicht ruht und immer um ihren Sinn neu ringen muß, gehört zu ihrem Wesen. Aber wer bietet uns eine bessere Alternative?

SCHULMEISTER: Eine Therapie habe ich sicherlich nicht vorgeschlagen, ich habe keine. Ich habe auch nicht für eine ,,christliche Politik" plädiert. Ich kann mich ebensogut verständigen mit einem Menschen, der Atheist ist, mit mir aber gewisse Überzeugungen teilt, etwa die, daß der Mensch seiner zwiespältigen Natur nach gefährdet ist. Doch das ist für mich ein altes, leidiges Problem: Gerade als Journalist, der die letzten fünfzig Jahre bewußt erlebt hat, weiß man längst, wie schwer sich eigene Lebenserfahrungen Jüngeren vermitteln lassen. Mißverständnis, Verdacht, ja Schuldzuweisung ergeben sich da fast zwanghaft.

Also nochmals: Therapien habe ich keine. Auch läßt sich Religion so wenig organisieren, wie es möglich ist, den ,,neuen Menschen" zu schaffen oder auch nur den alten ,,umzubauen". So habe ich auch nach diesem neuen Menschen in Moskau, Peking, Budapest und anderswo gefahndet. Gefunden habe ich nur den ,,alten Adam". Was ich wollte? Nun, wie es meinem Beruf entspricht, nicht nur Aktualitätsjäger oder Schlangenbeschwörer des Ereignisses sein, sondern gelegentlich selbst Flugzettel mit Beschwörungen unter die Leute bringen. Vielleicht kennen Sie die Geschichte von dem Theaterbrand in Kopenhagen? Schon tritt der Theaterdirektor vor den Vorhang und schreit: ,,Um Himmels willen, verlassen Sie das Haus! Es brennt!" Das Premierenpublikum hält das für einen ingeniösen Einfall der Regie, tosender Beifall brandet auf. Wieder und wieder schreit der Direktor, doch da geht schon der Vorhang in Flammen auf, bald danach stürzt das Theater ein. In ähnlicher Situation fühlt man sich oft als Chronist. Ich versuche dann eben, wo es Gelegenheit gibt, darüber zu reden. Jeder wird für sein eigenes Denken entsprechende Schlüsse daraus ziehen, vielleicht auch sagen: ein Kassandra-Talent! Schön hat er seine Rolle gespielt!

HARPPRECHT: Kassandra ist nicht nur eine Rolle, sondern auch eine wichtige Aufgabe: eine Grund- und Uraufgabe des Journalismus in der Publizistik. Aber man hat dann doch die Pflicht, auch auf die spezifischen Gefahren eines solchen Kulturpessimismus hinzuweisen. Dieser nämlich hat in der Tat eine Tradition, von der ich – mit großer Vorsicht – sagen möchte, daß sie dem Bau einer demokratischen und liberal geprägten

Gesellschaft in unserem europäischen Umkreis nicht förderlich gewesen ist, sondern die Etikettierung vollzogen hat: Demokratie ist gleich Aufklärung gleich Zivilisation gleich kritiklose Akzeptanz eines oberflächlichen Rationalismus gleich technisierter Überfremdung (alte Stichworte, die heute wieder auftauchen). Wir dagegen haben das Reich von innen, wir haben die Sinngebung, wir haben die Kultur; mit der Konsequenz, daß es in Europa dann die spezifische Ausprägung eines Kulturhochmutes gegeben hat. Der klassische Zeuge dafür war Thomas Mann.

Unheimlich wird mir in unseren Tagen davor, daß diese Strömungen wieder hochkommen. Sie haben eine erstaunliche Wanderung gemacht: Der Kulturpessimismus war ein Ausweis der Rechten in unseren europäischen Zonen. Er hat sich aber nach links verschoben.

Wenn nach 1945 in Österreich auf andere Weise als in der Bundesrepublik eine geistige Entscheidung für den Westen gefallen ist – die für mich auch eine moralische Entscheidung ist –, dann gibt es gute Gründe, an dieser Entscheidung festzuhalten, auch an ihren geistigen und moralischen Grundlagen. Dann muß man aber gewisse Vorsicht walten lassen, wenn man mit dem Verlangen nach einem wiederherzustellenden Glauben, einer neuen Glaubensintensität, an den Grundwerten der Aufklärung zu zweifeln anfängt. Man mag traurig sein darüber, daß wir in einer Zeit mangelnder Glaubensintensität leben. Aber auch dafür gibt es eine Gegenrechnung: Denn der Glaubensmangel auf der einen Seite ist doch zum anderen ein sehr erfreulicher Rückgang von Fanatismus und Intoleranz. Und wer fanatisch glaubt, schlägt auch tot, auch das ist eine Grunderfahrung unseres Jahrhunderts. Und, Gott sei Dank, wird im Augenblick eben nicht totgeschlagen.

SCHULMEISTER: Kulturpessimismus ist nicht einfach ein christliches Produkt, auch könnte ich die Frage umdrehen und sagen: Wo gibt es denn noch diesen lebendigen Glauben an Aufklärung?

Die Grenzen, die ein vernünftiger Mann und Philosoph wie Immanuel Kant dieser Aufklärung gesetzt hat, damit sie nämlich voranschreitet, nicht aber destruktiv wird, werden ignoriert. Ich habe kein Plädoyer gehalten, man solle sich etwa wieder in der „Katholischen Aktion" engagieren oder erneut die Klöster bevölkern, damit die Religion so Feuer fängt, statt als bürgerliches Mißverständnis den Alltag zu drapieren. Ich meine lediglich, wir sollten uns alle prüfen, was wir an Phraseologie mitschleppen, um tatsächlich nur jeweils interessenbedingte Entscheidungen – Macht, Geld, Prestige, Klientel etwa – mit Etiketten abzudecken. Der Glaube, von dem ich rede, zielt nicht auf den Fanatismus der Ketzerprozesse und all der Scheußlichkeiten, die die Kirche auf dem Weg durch die Jahrhunderte begleitet haben; was ich darunter hier verstehe, ist, sich selbst als Person in seinen Überzeugungen ernst zu nehmen. Man sollte ja auch nicht von Toleranz reden, wenn einem alles außer dem eigenen Nutzen egal geworden ist.

KIRCHSCHLÄGER: Mir scheint es notwendig, daß gerade uns, die wir im Denken vielfach satt geworden sind, träge und auch selbstgefällig, von Zeit zu Zeit ein Spiegelbild vorgehalten wird, wie es Dr. Schulmeister getan hat, noch dazu in Dimensionen, die zu Recht als galaktisch bezeichnet wurden.

Wir müssen mehr nachdenken. Wir leiden alle darunter, daß wir immer nur reagieren, ganz vereinzelt auch agieren, aber uns verhältnismäßig selten still hinsetzen und nachdenken. Zu einem solchen Nachdenken, zu einer solchen Gewissenserforschung aber gibt all das Anlaß, was Dr. Schulmeister ausgeführt hat.

Ich glaube aber auch, daß man zur gleichen Zeit, in der solche Gedanken verkündet werden, eine ergänzende Darstellung geben muß; daß nämlich die Welt noch nicht so knapp vor dem Untergang steht, wie man allenfalls glauben könnte; daß auch unsere Zeit zu vielem Positiven fähig war. Wir sollen das ganze Bild sehen: die Gefahren der Oberflächlichkeit, der Selbstgefälligkeit und auf der anderen Seite auch das Positive, das getan wurde. Denn nur so können wir ja die Gefahren für die Zukunft abwenden, daß wir Mitmenschen überzeugen. Es hat einen Sinn, zu arbeiten für eine bessere Welt. Hier hat mir ein Satz von Dr. Schulmeister weh getan, als er sagte, der Ruf nach mehr Moral ändere wenig, er gehe ins Leere: Nein, ich glaube nicht, daß er umsonst ist! Ich glaube, daß er immer wieder erhoben werden muß. Denn wenn dieser Ruf nach Moral nicht erhoben wird, dann führt das doch dazu, daß die Unmoral langsam zum Gesetz wird. Die Macht des Faktischen nämlich ist gefährlich groß. Deswegen ist es notwendig, immer wieder das Prinzip darzustellen, also nach Moral zu rufen – natürlich, wenn es möglich ist, auch vorzuleben. Ich glaube auch, daß der Staat – so sehr ich den Primat des Menschen über den Staat anerkenne: Politik muß für den Menschen da sein und nicht für den Staat – auch heute noch etwas mehr ist als eine Daseinsfürsorge. Als wir im Jahre 1938 den Staat verloren haben, da haben wir einen Staat verloren, der unfähig gewesen war, einen Kuchen, der allerdings nur sehr klein war, gerecht zu verteilen. Trotzdem haben wir dann, als er verloren war, erkennen müssen, daß dieser Staat doch unendlich mehr gewesen ist als bloß eine mißlungene Verteilungsmaschinerie. Diejenigen, die im Jahr 1945 neu begonnen haben, hatten ja nicht ein Bild von einer „guten alten Zeit“: Es war also kein Rücksehnen nach Verwirklichung eines Idealbildes. Das war nicht da. Wir konnten damals nicht sagen: Es soll wieder so werden, wie es war. Und trotzdem ist soviel innere Bindung vorhanden gewesen zu diesem Staat, daß letzten Endes dieser Staat gewollt wurde. Bei allem Vorbehalt gegen ein Zuviel an Staat, gegen ein Dominieren des Staates über den Menschen: Er ist noch nicht ausgehöhlt, und er ist noch nicht bloße Daseinsfürsorge. Sondern er ist, man verzeihe das altmodische Wort, unsere Heimat.

SCHULMEISTER: Der Staat, von dem die Rede war, ist der Staat als allgemeiner Begriff dieser Welt; und jedenfalls ist er das, was er in den Jahrhunderten zuvor war, längst nicht mehr. So haben sich meine Äußerungen also auch nicht auf Österreich bezogen oder gar dahin, daß unser Vaterland nur mehr eine Daseins-Fürsorgeanstalt sei. Ich muß mich da mißverstanden fühlen, genauso, wenn jemand meinen sollte, durch Schreckbilder versuchte ich geradezu den „Mut der Verzweiflung" zu wecken. Auf diese Weise Umkehr erzwingen zu wollen, scheint mir kein Rezept.

GASTEIGER: Mein Eindruck ist, daß in den letzten Jahren in allen westeuropäischen Demokratien das Mißtrauen des Bürgers gegenüber den Organen des Staates zunehmend größer geworden ist. Die Gründe dafür liegen auf der einen Seite darin, daß die öffentlichen Organe (ich sage mit Absicht nicht Staat, denn der Staatbegriff ist ja wesentlich weiter zu fassen) dem einzelnen ein immer kleineres Maß an Freiheit gewähren und auch einen immer kleineren Anteil von seinem Einkommen. Daraus ist eine Art Wegelagerermentalität zwischen dem Bürger und den staatlichen Organen entstanden: Der eine nimmt immer mehr weg, und der andere leitet daraus das Recht ab, immer mehr zu verlangen, und delegiert aus dieser Bereitschaft heraus immer mehr an die staatlichen Organe, was wiederum die Neigung zur Untätigkeit und Unmündigkeit weiter fördert. Dieses Syndrom ist in allen westeuropäischen Demokratien zu erkennen. Ich bin aber dennoch nicht pessimistisch und möchte gerade auf das Beispiel von Norbert Leser hinweisen: Er hat seine Thesen schon vor etwa zehn Jahren vorgetragen, allerdings in einer anderen Art und Weise, bekämpft und zum Teil beschimpft von den politischen Parteien und den Verbänden. Und ich habe den Eindruck, daß (zumindest was die Einsicht betrifft) doch in den letzten zehn Jahren sehr viel erreicht worden ist. Wenn heute die Parteien in ihren offiziellen Stellungnahmen die Thesen Lesers zu den ihren machen, ohne ihn zu zitieren, dann ist das immerhin schon etwas! Denn es bedarf zunächst einmal der Einsicht, aus der heraus es erst zur Aktion kommen kann. Ich bin daher zuversichtlich, daß in den nächsten Jahren in den Parteien und Verbänden auch die entsprechenden Aktionen folgen werden. Wir müssen einfach dem Bürger die Möglichkeit geben, sich wieder mehr in die eigenen Angelegenheiten einzumischen.

SPATZENEGGER: Die Herren auf dem Podium sind nun aufgerufen, zum Referat Norbert Lesers Stellung zu nehmen.

SCHULMEISTER: Lesers Skizze der Möglichkeiten, die Demokratie vor Entfremdung vom Volk zu bewahren, sie so mit neuer Lebenskraft zu erfüllen, scheint mir sehr erwägenswert. Doch dafür muß man nicht nur schreiben, sondern auch kämpfen, öffentliches Bewußtsein daraus machen. Dieses Haus Österreich ist es wert, daß wir nicht das, was wir errungen haben, mit der Zeit verspielen wie ein Betrunkener, der ins Casino geht. Also müssen wir auf vielen Wegen die Erstarrung der Machtstrukturen, die Ausbildung einer Funktionärsklasse mit Hilfe der Generationsablöse und veränderter sozioökonomischer Rahmenbedingungen auszubauen suchen. Natürlich gilt es dabei auch, einen Ausgleich zu finden zwischen heftig sich bekämpfenden Interessen, von denen jede möglichst viel vom Kuchen behalten will, und der Notwendigkeit eines allgemeinen Sanierungsopfers.

Ein Botschafter, der aus einem Staat des „realen Sozialismus" kommt, hat mir kürzlich in Wien gesagt: „Wissen Sie, was für mich das Interessanteste 1987 sein wird? Ob Sie mit Ihrer Art Demokratie hier Ihren Lebensstandard noch länger behaupten können." Hier wieder Deckungswahrheit herzustellen, ist schon das nächste Erfolgserlebnis, das wir Österreicher brauchen. Jenes aus der Erringung des Staatsvertrages ist verbraucht!

HARPPRECHT: Zunächst ist es mir wichtig zu sagen, daß ich durch das Referat Prof. Lesers viel gelernt habe: Es scheint mir ein glanzvolles Kurzkolleg über österreichische Geschichte in diesem Jahrhundert zu sein. Verschiedene Dinge, die darin angeschnitten wurden, berühren oder betreffen auch uns Bürger der Bundesrepublik Deutschland. Hier will ich fragend auf den Komplex um die Auseinandersetzung mit der Vergangenheit zu sprechen kommen. Ich versuche, das ohne einen falschen Ton zu tun – wir haben damit unsere eigene Last: Der Schatten wird die Deutschen in der Bundesrepublik vielleicht für Generationen nicht verlassen. Jede Generation wird, ob sie es will oder nicht, in diese Auseinandersetzung hineingezwungen. Wir erfahren so auf unsere Weise, was das eigentlich ist: Geschichte – daß man tatsächlich das Erbe der Väter, der Großväter weiterzutragen hat, auch wenn sich Angehörige der jüngeren Generation von Zeit zu Zeit verständlicherweise dagegen auflehnen, diese Last weiterzuschleppen. Sie werden trotzdem nicht daraus entlassen werden.

Eine Frage, die von der schieren Neugier diktiert ist: In der Bundesrepublik gibt es eine Schicht von Intellektuellen, die weit über die Bereiche der Universitäten hinaus in alle Zweige des öffentlichen Lebens hineinwirkt. Eine Garde von Schriftstellern und Publizisten, die die politische Öffentlichkeit immer wieder in die Auseinandersetzung hineingezwungen hat. Soweit ich mit österreichischer Literatur vertraut bin, sind auch dort von begabten und gewissenhaften Schriftstellern diese Fragen nach dem Gestern gestellt worden. In der Bundesrepublik müßte sich Bonn immer wieder dem erkämpften Dialog stellvertretend für alle stellen. Täusche ich mich nun in der Beobachtung, daß demgegenüber in Österreich zwei Bereiche, zwei Welten, zwei Gruppen der Gesellschaft aneinander vorbeileben und aneinander vorbeireden? Daß sie sich gegenseitig nicht in die Auseinandersetzung gezwungen haben? Ist das nicht ein Versäumnis der österreichischen Literatur, die in einem unmittelbaren Appell an die Leser, vor allem bei jungen Leuten, sehr viel bewirkt haben könnte? Sie hat ja auch weit über Österreich hinaus tiefe Spuren und Wirkungen hinterlassen. Wieviel ärmer wären wir ohne die Stimmen der österreichischen Literatur. Meine Frage ist nun: Ist das offizielle, ist das politische Österreich eigentlich von ihr betroffen? Hat man sich mit ihr auseinandergesetzt?

LESER: Diese Auseinandersetzung ist in Österreich sicher nicht mit der Gründlichkeit erfolgt wie in der Bundesrepublik, weil sich diese nicht hinter irgendeiner Formel verschanzen konnte, sondern unmittelbar betroffen, besiegt war. Daher hat die Gewissenserforschung dort tiefere Spuren hinterlassen. In Österreich ist sie aus den von mir angedeuteten Gründen wahrscheinlich zu kurz gekommen und zum Teil von einigen Schriftstellern, sozusagen stellvertretend, nachgeholt worden, wenn auch nicht immer wirklich zielführend und fair. Zum Beispiel hat Peter Handke in einem Magazin Äußerungen getan, die meines Erachtens mehr durch Aggressivität als durch eine wirkliche Vergangenheitsbewältigung charakterisiert waren. Diese Übertreibungen haben dem Anliegen eher geschadet als genützt. Über andere seiner Zunft könnte man ähnliches sagen.

Doch immerhin: Es gibt einige sehr artikulierte Schriftsteller. Thomas Bernhard etwa läßt an überhaupt nichts mehr ein gutes Haar. Das ist wieder etwas anderes. Die Vermittlung dieser literarischen Positionen mit der politischen Wirklichkeit aber, die ist tatsächlich kaum gelungen. Ich weise jedoch auf die Gefahren hin, daß sich eine Generation zum Richter über die andere aufschwingt, ohne die Frage positiv beantworten zu können, ob sie selbst tatsächlich um soviel besser oder anders gehandelt hätte. Daher glaube ich, daß solche Stimmen nicht immer die besten für die Vergangenheitsbewältigung sind. Denn diese sollte in Form einer wirklichen gründlichen Aufklärungsarbeit und einer ausgewogenen Darstellung geleistet werden, nicht durch erhobenen Zeigefinger.

Publikumsdiskussion

SPATZENEGGER: Zu Beginn wollen wir einige Anfragen aus dem Publikum sammeln, auf die die Herren auf dem Podium im Anschluß daran eingehen werden.

PUBLIKUMSFRAGE: Ich halte den oben angesprochenen Kulturpessimismus in einer so starken Form nicht für vertretbar. Aus der Erfahrung meiner täglichen Berührung mit akademischer Jugend sehe ich, daß doch viel mehr Optimismus um sich greift.

Aber ich frage mich, wieso es eigentlich heute noch immer so ist bei uns, daß wir im politischen Leben sehr stark in Freund-Feind-Schemata denken, wo doch die weltanschauliche Diskrepanz etwas abgebaut ist. Ich stimme daher Dr. Kirchschläger lebhaft zu, wenn er fordert, daß wir uns stärker auf die Bildungsaufgabe besinnen müssen. Gerade die Demokratie verlangt viel Bildung. Je komplexer ein politisches System ist, und unser System ist sehr komplex, umso wichtiger ist politische Bildung. Das ist daher auch meine Frage: Wie kann man auf dem Weg der politischen Bildung eine bessere politische Kultur erreichen?

PUBLIKUMSFRAGE: Ich bin aktiv tätig in der Gewerkschaft, ich bin aktiv tätig in der Kirche – in Bereichen also, die mit Macht und Moral sehr viel zu tun haben; und ich frage mich immer wieder, warum müssen gerade diese Organisationen *nicht* demokratisch organisiert sein?

PUBLIKUMSFRAGE: Professor Leser hat in seinen Ausführungen von der Verantwortung gesprochen, und ich möchte mich auf diesen Begriff beziehen – als die geübte Moral dessen, der Macht besitzt: Welche Antwort wird erwartet von dem, der sich verantworten soll? Die Antwort auf das, was er selbst in Wort und Tat versprochen hat, oder die Antwort auf das, was der Bürger von ihm erwartet? Man könnte annehmen, daß in einer Demokratie die korrekteste Rechtfertigung des Politikers für sein Handeln wäre zu sagen: Ich habe einen Mehrheitsstandpunkt vertreten. In der täglichen Praxis aber würde diese für die böseste aller nur möglichen Rechtfertigungen gehalten werden. Ich habe das versuchsweise oft genug feststellen können. Natürlich ist der Mehrheitsstandpunkt von heute nicht zwangsläufig der richtige Standpunkt, aber ich wehre mich auch gegen die Umkehrung, daß der Mehrheitsstandpunkt zwangsläufig der falsche sein müßte. Welche Antwort soll also der Verantwortliche geben?

PUBLIKUMSFRAGE: Mir scheinen die beiden Referenten eine gewisse Kontrapunktfunktion erfüllt zu haben: Der eine hat krankgejammert, der andere hat gesundgebetet. Für bedenklich halte ich vor allem die Aussage Prof. Lesers, daß Kritik, vor allem an der Zeit der Nazidiktatur, nur dem zustünde, der sicher sei, es besser zu machen. Damit aber wird jede Moral ad absurdum geführt. Kein Richter kann garantieren und sicher sein, daß er sich in einer bestimmten Situation anders verhielte als der Angeklagte – trotzdem spricht er Recht.

PUBLIKUMSFRAGE: Ich meine, daß die Kultur des Wortes verbessert werden müßte. Der Umgangston unter den Politikern ist oft genug schlecht und widerspricht den allgemeinen Grundregeln, die wir Normalbürger im Umgang untereinander gewohnt sind. Aber es darf hier nicht zweierlei Moral geben, eine für Politiker und eine für die anderen Mitbürger.

Es gibt das sehr pessimistische Wort: Vertrauen ist gut, Kontrolle ist besser. Wir haben verschiedene Arten der Kontrolle: die Kontrolle des Parlaments, die Gebarungskontrolle durch den Rechnungshof und anderes mehr. Wir haben letztendlich die Kontrolle durch den Bürger selbst, der oft den Stimmzettel zum Denkzettel macht; aber wir dürfen doch nicht an das Orwellsche Horrorbild herankommen, daß hinter jedem einer steht, der ihn kontrolliert. Was nötig ist und was verstärkt werden muß, das ist vielmehr die Selbstkontrolle. Denn sie ist viel wirksamer als jede Kontrolle von außen.

LESER: Zur Frage der politischen Bildung: Sie ist ein notwendiges Element, genauso wie die Vermittlung zeitgeschichtlicher Kenntnisse. Ebenso wichtig ist aber auch die Vermittlung von Haltungen, nicht nur von Wissen, das, was man als Charakterbildung bezeichnet. Und hier ist doch schon sehr viel geschehen, wenn auch noch immer nicht genug.

Bezüglich demokratischer Strukturen würde ich sagen, die Demokratie ist ein richtiges Bauprinzip unseres politischen Lebens, aber sie ist kein Allheilmittel. Man kann sie nicht auf alle Lebensbereiche anwenden. Schon Aristoteles hat jene Staatsform als die beste bezeichnet, in der aristokratische, demokratische und sogar autoritäre Elemente gemischt sind. Das entspricht auch der geschichtlichen Erfahrung. D. h., es eignen sich nicht alle Lebensbereiche gleichermaßen für Demokratisierung. Am wenigsten wahrscheinlich die Kirche, zumindest was die Vermittlung von Heilswerten anlangt, von denen wir doch annehmen, daß sie „von oben" kommen und nicht „von unten" erzeugt werden. Aber selbst die Kirche hat sich ja demokratisiert, in den verschiedenen Gremien, die manchen schon zuviel Raum einnehmen gegenüber dem, was sie als die eigentliche Aufgabe der Kirche sehen. Zum Problem des Richtens über andere: Man muß zwischen Recht und Moral, die bekanntlich verschiedene Systeme sind, die sich zwar überschneiden, aber keineswegs decken, in ihrer Funktion und Wirkungsweise unterscheiden. Was Hans Kelsen z. B. immer wieder betont: Eine juristische Verurteilung ist nicht unbedingt eine moralische. Umgekehrt kann es auch sein, daß Moral und Recht in der entgegengesetzten Richtung nicht übereinstimmen, so wünschenswert die Deckung beider Bereiche auch wäre. Der wesentliche Unterschied ist, daß der Moralbereich keine unmittelbaren Zwangssanktionen kennt, während der Rechtsbereich sich gerade durch diese Sanktionen auszeichnet.

SCHULMEISTER: Was die Schwierigkeiten der politischen Bildung unter den derzeitigen Verfallserscheinungen im demokratischen Leben betrifft, so liegen sie auf der Hand. Ich glaube nur nicht, daß das Defizit durch bessere Lehrveranstaltungen etc. entscheidend behoben werden kann. Alle Staatsbürger müssen die öffentlichen Angelegenheiten, gewiß in Abstufungen und auf begrenzten Sektoren, auch als die ihren erkennen. Sie haben sie gegen Privilegierung einer Funktionärsklasse überlassen, die sich der Kontrolle entzogen, die Gewaltenteilung unterlaufen hat und im Niveau ihres Personals abrutscht. Strukturreformen allein nützen aber wenig, wenn sich die Mitbürger selbst einer Reform entziehen und von nichts belehren lassen.

Der Einwand, die Kirche sei nicht demokratisch, enthält ein gewisses Mißverständnis. Die Kirche wächst und organisiert sich nach ihrem eigenen Glaubensverständnis. Wir werden immer an ihrer zeitlichen Erscheinung Kritik zu üben haben – sie sei zu weit hinter ihrer Zeit, sie laufe dieser Zeit nach, sie vergesse ihren Stifter und Herrn –, ich glaube nur nicht, daß man da normieren kann. Die römisch-katholische Kirche ist zur Weltkirche geworden, sie nimmt damit auch alle Widersprüche und Konflikte dieser Welt in sich auf. Darin ist sie selbst zu neuer Gestalt unterwegs. Was gut an all dem Wandel, an der Veränderung ist, wird allein davon bestimmt, ob es zu Glaube, Hoffnung und Liebe, zu dem, wozu sie als Zeuge und Bürge da ist, beiträgt oder nicht. Demokratie oder römischer Zentralismus bzw. Klerokratie ist da nicht die passende Alternative.

Der Kult der Fachleute ist derzeit vorbei, zu oft haben sie sich widersprochen. Das wissen die Politiker, das wissen auch die, die sie wählen. Heute geht es nach Parteien und Interessenverbänden, das strukturiert das Kraftfeld. Was nun den Abgeordneten in seiner Verantwortung gegenüber dem Wähler betrifft, so gibt es ja nicht nur dieses oder jenes Interesse, diese oder jene Überzeugung, sondern auch das Gemeinwesen selbst, das Gemeinwohl. Der frei gewählte Abgeordnete ist nur sich selbst verantwortlich, nicht etwa seiner Partei, seinem Interessenverband, nicht einmal seinem Wähler, so er nämlich sonst mit seinem Gewissen, seinem Einstehen auch für das Gemeinwesen als Ganzes in Konflikt kommen würde. Dazu muß man freilich sich ein eigenes Gewissen leisten und den Mut dazu, ihm in kritischen Situationen zu folgen. Eine Reform im Wahlrecht könnte vielleicht diesen Mut beleben, die Erfahrungen mit der jüngsten Politik auch den Mann von der Straße besser verstehen lassen, daß wir alle aufeinander angewiesen sind.

Auch was die Liberalen betrifft, ihr Geistesgut, habe ich schon bemerkt, daß sich zwischen Ideal und Praxis ein klaffender Widerspruch auftut. Und das auch, weil die Wirklichkeit in Wirtschaft und Gesellschaft den Thesen von einst davongelaufen ist – bei den Liberalen wie bei den anderen Lagern. Ein Beispiel dazu: Wie viele Politiker denken bei ihren Entschlüssen an die kommenden Generationen, gar an den Generationenvertrag und dessen Einlösung? Wir leben ja nicht für uns allein, und die Umweltzerstörung zeigt jedermann, wie sehr wir schon heute auf Kosten der Zukunft, der Kinder und Kindeskinder, leben.

Das alles muß im öffentlichen Leben wieder bewußt werden und über den Partikularismus der Macht- und Geldinteressen hinausführen. Daß dabei nicht irgendwelche neuen Fanatismen ins Spiel kommen, ist unser Teil Verantwortung, der Konflikt selbst aber ist unvermeidlich. Wir dürften demokratisch schon so sensibel sein, daß das freiheitliche Lebenssystem dadurch nicht bedroht wird.

Was die Selbstkontrolle betrifft, die in der Diskussion gefordert wurde, so ist dem zuzustimmen; nur, wer bildet heute noch Gewissen? Wer trainiert auch nur Rückgrat? Wir reden ja auch schon die längste Zeit von „Vergangenheitsbewältigung", meinen damit nur die gute, alte Gewissenserforschung, praktizieren das aber als Recht, eben unter diesem Titel jeweils an die Brust eines anderen zu klopfen.

Darf ich zum Abschluß in diesem Zusammenhang noch fragen, wie es denn etwa in unseren Schulen mit der Charaktererziehung steht, mit dem Lernen sozialer Verantwortung? Macht nicht der Charakter erst den Menschen aus, das Unverwechselbare der Person? An Beispielen fehlt es nicht: Leute im Widerstand, Frauen im Krieg und nachher, Soldaten, die nicht nur ihre Pflicht, die noch mehr taten. Das alles soll nicht umsetzbar sein in der Heranbildung unserer Kinder, ihrer Herzenserziehung? Als ein Ideal, das nicht nur von der Wand blickt, sondern dem ich im Leben begegne, das als Beispiel erzieht? Das, meine ich, ist es, was wir nun aufarbeiten müssen, was wir nach 1945 schon in manchem für uns errungen hatten, dann allerdings im Wohlstand und in den vielen Sorgen und Wünschen wieder verkümmern ließen.

Schlußdiskussion

zwischen
Bernhard Görg, Norbert Leser, Peter Michael Lingens, Franz Martin Schmölz, Otto Schulmeister

Leitung: Werner Mück

MÜCK: Tagespolitische Realität, so möchte ich als Vorgabe anmerken, scheint mir der Drang vieler zu sein, mehr zu scheinen, als man ist, mehr zu wollen, als man kann, kurz: das Haben vor das Sein zu stellen, wie das Kardinal König kürzlich angemerkt hat. Und das Stilmittel, diese Unmöglichkeiten zu überbrücken, scheint mir die Lüge zu sein: die Lüge in Form der groben Täuschung, in Form der Verschleierung der wahren Absichten, in Form der Doppelzüngigkeit, es jedem recht zu machen, in Form der subjektiven Meinung, die man als objektiv darbietet, die Eigeninteressen als gemeinnützig zu präsentieren und mit leeren Versprechungen zu operieren. Wir leben in einem Land, in dem ein Kanzlerkandidat um die Gunst des Wahlvolkes buhlt, indem er via Plakatwerbung sagt, er verspreche nichts, was er nicht halten kann. Wenige Wochen davor konnten wir von einem Präsidentschaftskandidaten lesen, er halte, was er verspreche. Was ist das für eine politische Kultur, in der die Erfüllung von Versprechungen, also die Wahrheit, bereits so außergewöhnlich ist, daß sie als dominierender Aspekt einer Wahlwerbung dienen kann?

„Wir führen Österreich aus den roten Zahlen", lesen wir über einen anderen Kanzlerkandidaten und wissen dabei doch ganz genau, daß es völlig irreal ist zu versprechen, diesen Staatshaushalt aus Milliardendefiziten zu Gewinnen zu führen, daß dies bestenfalls in Teilbereichen möglich ist, aber keinesfalls generalisierend, wie dies hier angekündigt wird. Das Mißtrauen der Bevölkerung in die Politik – das ist, wie ich als Journalist immer wieder feststellen muß, das begründete Mißtrauen in die Lüge als alltägliche Realität, als etwas, womit man sich tagtäglich abzufinden hätte und wogegen man sich tagtäglich intuitiv auflehnt, obwohl man selbst – und das hat auch Dr. Kirchschläger angedeutet unter dem Titel „Kavaliersdelikt" – genau das gleiche betreibt.

Erlauben Sie mir den journalistischen Vergleich: Die Lüge ist die SS 20 der Realpolitik. Sie läßt nichts gedeihen. Sie vernichtet alles, selbst das, was sich auf dem besten Wege befindet. Abrüstung im realpolitischen Bereich wäre daher etwas wie Verzicht auf die Lüge. Denn konsequent durchgedacht, ist diese SS 20, und jetzt meine ich die Rakete, tatsächlich die Ausgeburt der Lüge, nämlich der Behauptung, man könne den Menschen den Frieden und das Leben sichern, indem man Frieden und Leben massiv bedroht.

Ich habe auch den Verdacht, daß wir Österreicher ein besonderes Naheverhältnis zur Lüge haben, daß bei uns besonders ungeniert und unbekümmert in allen Bereichen gelogen wird und daß dies bei uns tatsächlich nicht nur Tageserscheinung ist, sondern fast schon Selbstverständlichkeit.

Ist bei uns die Lüge als politisches Stilmittel wirklich etwas, das wir nicht so empfindsam wahrnehmen, wie das etwa in anderen Ländern der Fall ist?

LESER: Nach meinem Dafürhalten soll man die Selbstkritik nicht zu weit treiben. Deshalb würde ich zur Relativierung sagen, daß Lüge oder Halbwahrheit oder Verschweigen in der Politik zu den mehr oder weniger gängigen Mitteln gehören. Die direkte Lüge, also das Behaupten einer Tatsache, die nicht stimmt, das ist auch bei uns nicht die Regel. Bezüglich der Mentalreservation muß man schon feststellen, daß sie irgendwie zur Politik dazugehört wie auch zum täglichen Leben. Unser ganzes Zusammenleben würde sich aufhören, wenn wir jederzeit alles, was wir uns denken, aussprechen würden. Das ist unbestritten. Das verlangt niemand. Aber man verlangt, daß zumindest das, was gesagt wird, wahr ist. Auch das ist schon in vielen Fällen sehr viel verlangt, weil die Wahrheit eben eine sehr komplexe ist. Daß in Österreich besondere Umstände dazukommen, die die Lebenslüge vielleicht stärker machen als in anderen Ländern, hängt mit den schon erörterten historischen Phänomenen zusammen.

Ein Beispiel: Die Formel „Österreich ist das erste Opfer Hitlers" ist an sich eine Wahrheit: völkerrechtlich, staatengeschichtlich und auch psychologisch. Ich bin der Überzeugung, daß Hitler in einer freien Volksabstimmung keine Mehrheit bekommen hätte. Und die Männer nach 1945, die diese Formel verwendet haben, taten das in gutem Gewissen, zumal sie ja selbst aus den Konzentrationslagern gekommen sind und sich daher in dieser Formel wiedererkannt haben. Das heißt, die Formel ist an sich durchaus richtig. Sie ist aber nicht die ganze Wahrheit. Sie verschweigt, daß sehr viele Österreicher individuell mitschuldig geworden sind und hat daher dazu gedient, diese individuelle Mitschuld zu verschleiern. Ist sie deshalb eine Lüge? Nein, sie ist nur nicht die volle Wahrheit.

Es fließen also häufig die Dinge ineinander, und es ist oft sehr schwer, Wahrheit von Irrtum zu trennen, vor allem in der Politik. Aber es ist zuzugeben, daß gerade in Österreich diese Neigung zum gegenseitigen Aufrechnen, etwa von Skandalen, und zum Vertuschen besonders stark ausgeprägt ist. Aber ich bezweifle sehr, daß Österreich im internationalen Vergleich um vieles schlechter abschneiden würde. Es geschieht vielleicht die Bereinigung nicht so schnell und so wahrhaftig, wie man es sich wünschen würde. Das ist vielleicht ein österreichisches Spezifikum: das „auf die lange Bank Schieben", das Durchwursteln, was aber natürlich auch wieder liebenswürdige Kehrseiten hat. Insgesamt sollten wir uns davor hüten, allzusehr in Selbstzerknirschung zu verfallen und uns selber als die schlechteste Nation anzuklagen. Wir können den Vergleich mit anderen Staaten durchaus aufnehmen. Es gibt allerdings einige Besonderheiten, die uns nachdenklich stimmen sollten. Die hängen eben mit unserer spezifischen Vergangenheit und der mangelnden Vergangenheitsbewältigung zusammen. Aber im allgemeinen glaube ich, daß das Problem der Lüge ein Problem des Menschen überhaupt ist, ein Problem der Politik im besonderen und nicht nur ein spezifisch österreichisches Problem.

MÜCK: Wie beurteilen Sie dann die Sensibilität etwa der Amerikaner in einigen Fragen, wo man sich bei uns gewundert hat, daß man dort so massiv reagiert hat – etwa im Falle Watergate und Nixon?

LESER: Ich halte das für ein sehr positives Zeichen, daß in den USA relativ geringe Verstöße gegen die Wahrheit – wie übrigens auch in einigen Fällen in Großbritannien, wo das Parlament belogen wurde – zu Konsequenzen geführt haben. In vergleichbaren Fällen wäre bei uns die Öffentlichkeit wahrscheinlich weniger sensibel und noch weniger, wenn sie nicht durch einige Medien manchmal dazu gezwungen wird, sich mit diesen Fragen auseinanderzusetzen. Die Verdrängungsmechanismen sind bei uns schon stärker entwickelt oder, anders gesagt: die Unempfindlichkeit gegenüber solchen Wahrheitsverletzungen.

GÖRG: Im Einleitungsstatement von Herrn Mück ist mir der Satz eingefallen: „Österreich ist ein kleines Land, aber eine große Bagage." Er stammt nicht von Otto Schulmeister, obwohl er von ihm sein könnte. Er ist von Georges Saiko. Wir tun uns bei aller Kritik an uns selbst nichts Gutes, wenn wir uns als den Ausbund des Bösen darstellen. Wir haben auf der einen Seite in Österreich ein gerüttelt Maß an sehr hohler Präpotenz, auf der anderen Seite fehlt uns aber ein gesundes Selbstwertgefühl. Und wenn man sagt, in Österreich werde besonders viel gelogen, und als Gegenbeispiel Amerika zitiert, so denke man nur an Reagan, der gesagt hat, daß er den Staatshaushalt sanieren wird – und wie groß ist heute das Budgetdefizit in den Vereinigten Staaten!

Wir müssen uns daher die Frage stellen, ob Politiker habituelle Lügner sind. Werden sie deshalb Politiker, weil sie unmoralisch sind oder weil sie ein bestimmtes Bedürfnis befriedigen?

Wenn man andererseits bedenkt, was z. B. im letzten Wahlkampf Politikern widerfahren ist, die die Wahrheit gesagt haben – etwa in den industriellen Krisenregionen der Obersteiermark –, dann kann man wohl recht gut verstehen, daß sich jeder von ihnen – ohne deswegen ein Lügner zu sein – sehr wohl überlegt, was er sagt und was er besser verschweigt. Das ist eine Frage des politischen Überlebens; und die Lüge im beschriebenen Sinn – nicht die ganze Wahrheit zu sagen – gehört allemal zum politischen Geschäft. Überall, und nicht nur in Österreich! Ich glaube nicht, daß es ein Land gibt, wo viel weniger die Unwahrheit gesagt wird als in Österreich; auch in Amerika nicht. Ich habe achtzehn Jahre in einem amerikanischen Unternehmen gearbeitet, aber ich muß zugeben, daß ich die ganze Zeit nicht wirklich dahintergekommen bin, wo bei den Amerikanern die Moral aufhört und die Heuchelei anfängt. Mit dem Hinweis, daß es anderswo genauso ist, möchte ich nichts verniedlichen oder relativieren. Ich möchte nur davor warnen zu sagen, daß wir eine negative Ausnahme darstellen.

SCHMÖLZ: Das Christentum kennt aus dem Neuen Testament den Satz: „Eure Rede sei ‚ja, ja, nein, nein'." Damit ist für den rigorosen Christen das Problem der Wahrheit als Ziel seines Lebens fürs erste klar. Ein anderer Satz: „Seid klug wie die Schlangen" gilt natürlich genauso. Und wir haben zu unseren Lebzeiten die Erfahrung machen müssen: Je mehr man von den Höhen des reinen Christentums mit dieser elenden Welt in Berührung kommt (und wenn sie gar noch eingehüllt ist in eine Diktatur des Nationalsozialismus), umso ausdifferenzierter werden die Gebote.

Es dürfte beim Vortrag vom Kollegen Ballestrem einigen aufgefallen sein, daß er „Du sollst kein falsches Zeugnis geben" an einer Stelle seines Referates so stehen ließ und an einer zweiten Stelle dazugesagt hat: „. . . es sei denn." Ich war unmittelbar nach dem Zweiten Weltkrieg noch Student. Und da hatten unsere Moraltheologen bereits „. . . es sei denn" in den Lehrplan eingearbeitet gehabt. Ein Beispiel: Wer im Dritten Reich Feindsender gehört hat, hat eigentlich sein Recht auf Informationsfreiheit wahrgenommen, aber das Recht war damals nicht kodifiziert. Wer zugegeben hat, er habe Feindsender gehört, ist im KZ gelandet. Ich glaube, das war mit dem Stichwort „Überleben" gemeint. Daraufhin hat, mitten im Krieg, der Pfarrer Laros das Buch geschrieben: „Seid klug wie die Schlangen": Ich muß die Wahrheit sagen unter der Voraussetzung, daß der Fragende ein Recht auf die Wahrheit hat – was aber zum Beispiel im Erziehungsprozeß eine sehr differenzierte Sache sein kann: Kleinkindern kann man nicht alles sagen, man muß an die Folgen denken!

Es war zuvor die Rede von der Mentalreservation. Das ist der innere Vorbehalt eines Sprechenden, der nicht alles sagen kann oder will. Wieder ein Beispiel: Im preußischen Kulturkampf sollte der Kölner Erzbischof verhaftet werden. Natürlich hat es auch damals Zu- und Zwischenträger gegeben. Bevor die Geheime Staatspolizei, wenn ich sie so nennen darf, ins erzbischöfliche Palais gekommen ist, hat der Erzbischof seinen Zivilanzug angezogen, hat sich in den nahegelegenen Bahnhof begeben und einen Zug nach Holland bestiegen. An der Grenze kommt selbstverständlich die Polizei, reißt die Türe auf und fragt: „Ist hier der Erzbischof von Köln?" Und dieser antwortet: „Außer mir ist niemand hier", worauf die Beamten salutieren, die Türe schließen – und der Bischof ist frei. Ich nenne diese Beispiele, damit verständlich wird, daß nicht alles, was nicht als volle Wahrheit erscheint, schon als Lüge klassifiziert werden kann.

Ähnlich ist es mit der Lüge in der Demokratie. Demokratie verlangt Transparenz. Die Forderung ist gut, aber nicht voll durchführbar. Das andere Extrem ist die Kabinettspolitik. Darunter versteht man jene Politik, die im Kämmerchen stattfindet, ohne daß alle informiert werden. Es gibt aber nun Entstehungsprozesse von Entscheidungen, die nicht jedermann kommunikabel sind. Das sind auch keine Lügen, genauso wie auch in der Philosophie eine Abstraktion keine Lüge ist.

LINGENS: Ich sehe das Problem nicht so furchtbar kompliziert, wie es hier dargestellt wurde; es geht vielmehr um die ganz primitiven, handfesten Lügen, die wir täglich erleben. Und da gibt es eine ganz klare Praxis an den Gerichten, wann etwas eine Lüge ist. Das ist die falsche Zeugenaussage durch Verschweigung. Wenn jemand Sie fragt: „Haben Sie von der Öko-Data Geld erhalten?" und Sie antworten darauf: „Nein, das habe ich nicht", denn Sie haben es vom Chef der Öko-Data erhalten, dann ist das auf der ganzen Welt eine sogenannte falsche Zeugenaussage durch Verschweigung des Wesentlichen. Es ist völlig klar, was gefragt war. Ich glaube daher, wir brauchen auf diese komplizierten Dinge, wie das abzugrenzen ist, überhaupt nicht einzugehen, weil das nicht unser praktisches Problem ist in Österreich.

Ich möchte aber andererseits Görg und Leser darin zustimmen, daß wir nicht sagen sollen, alles sei bei uns schrecklich und schlecht. Wir haben natürlich sehr wohl Grund zum Selbstbewußtsein in einer ganzen Reihe von Bereichen – wie in unserer künstlerischen Produktivität, unserer Kreativität, unserer Fähigkeit zum Konsens und ähnlichen Dingen. Darauf mögen wir selbstbewußt stolz sein.

SCHULMEISTER: Nun, Puritaner sind wir dennoch keine. Doch nicht nur in Österreich, auch anderswo ist das Verhältnis zur Wahrheit notleidend, wir sind eben Menschen. Man behübscht dieses, man übersieht oder verdrängt jenes, es paßt einem eben nicht ins Bild – gewiß nicht aus Bösartigkeit, bedingt eher durch Ideologie, Herkunft, Bildung, Fähigkeit zur Selbstkritik, wird der Redakteur einer Parteizeitung dasselbe Ereignis anders verstehen als etwa der eines Boulevardblattes. Bei ihm steht wieder das Sensations- bzw. Verkaufsinteresse voran. Der Journalist eines Qualitätsblattes wiederum übersieht im großen Horizont möglicherweise das, was seinem Leser täglich ins Haus steht, was ihn also wirklich beschäftigt. Und alle zusammen haben als Berufskrankheit, an der Aktualität der 24 Stunden zu kleben und mangels Distanz nicht die Vorgänge und Ereignisse in ihrer Tiefe und dementsprechend zu bewerten.

Ein Journalist, der zur Wahrheit überhaupt kein Verhältnis mehr hat, weil er sie als nützliche Erfindung, als unerträgliche Anforderung, als Mittel zur Manipulation versteht, ist eigentlich schon ein Medienfunktionär, unbewußt vielleicht Wasserträger der Bewußtseinsindustrie. Es gibt aber auch den Journalisten, der wie mit einer Hundeschnauze im Unrat schnüffelt, um irgend etwas zu finden, was die Leute kitzelt: Skandale, Affären, Faszination durch das Gemeine. Da gibt es etwa ein Magazin, das sich auf die letzten Minuten einer Ministersgattin beim Selbstmord stürzt, ein anderes, das unter Vorspiegelung verpflichtender Seelsorge einen Bischof in ein Beichtgespräch verwickelt, um ihn lächerlich zu machen. Aber ist es etwa feiner, wenn ein Wochenblatt mit Wirkung einer Sippenhaftung unmittelbar vor Beginn einer großen internationalen Konferenz den Spitzendiplomaten des eigenen Landes wegen dessen Vaters politischer Vergangenheit zu diskreditieren versucht? Was sich da als „investigativer Journalismus" ausgibt, hat mit Berufsethos nichts zu tun. Die Praxis diskreditiert den ganzen Stand: Die Macht des Journalisten gilt als unverantwortlich, sein Handwerk, laut den Demoskopen, heute so zweifelhaft wie das des Politikers. Auch Herr Lingens und seine Zeitschrift sind in diesem Land gefürchtet, indes ist daran auch Verdienstliches. Die Leute sagen nämlich: Da gibt es ein Wochenmagazin, das packt in bestimmten Fällen aus, ist auf tabuierte Namen spezialisiert. Aber kann das Positive das Negative, nämlich die Lust am Schlechten, Miserablen, wettmachen?

Ein Journalist, der nicht von sich aus den Versuch macht, einem Ereignis auf den Grund zu kommen, ein vorschnelles Urteil, eine Verführung zu billiger Sensation dann auch gutzumachen, der ist falsch am Platz – ein Beispiel professioneller Charakterdeformation. Falsch am Platz ist aber auch der, der sich nicht stets der Relativität dessen, was selbst seriöser Journalismus ermitteln kann, bewußt bleibt. Was soll ich denn machen, wenn ich in 60 oder 80 Minuten feststellen soll, ob wirklich sich die Dinge so abgespielt haben, wie das zwei Nachrichtenagenturen melden. Die dritte bietet eine andere Version. Aus diesen Berufsmängeln und Berufszwängen kann ich auch eine „Journalistenbeschimpfung" machen, nicht anders als bei den Politikern: Zum Großteil ungebildete Leute, die nicht an der Leine des Wahrheitswillens liegen, sondern nur auf die Schlagzeile bedacht sind, auf Enthüllung um jeden Preis.

An dem Ethos, nach dem, was wirklich geschehen ist, auch zu suchen, unbeschadet des Zwangs, daß ich relativ rasch bewerten muß, mangelt es uns oft. Die unkontrollierbare Macht der Medien, die Eitelkeit des Rechthabens, der Erfolg im Job, oft aber auch der Vorausgehorsam gegenüber Oberen – das sind heute die Feinde des Journalismus und der Pressefreiheit.

MÜCK: Ich möchte die Medien in dieser Diskussion nicht zu rasch aus der Verantwortung entlassen und daher ein Wort von Prof. Schmölz aufnehmen, der von der Transparenz gesprochen hat. Es ist ja keine Frage, daß Politiker sehr oft von uns Journalisten zu Notlügen oder Lügen gezwungen werden, weil wir ständig Antworten auf Fragen, weil wir Lösungen fordern, die es noch gar nicht gibt. Auch das spielt sich unter dem Stichwort Transparenz ab. Wir wollen alles durchschaubar machen. Nichts kann mehr in Ruhe reifen! Das in bester Absicht Angestrebte wird schon zerstört, ehe es sich einigermaßen auf die Beine machen kann. Wenn zwei auf dem Weg zueinander sind, werden diese Wege schon zugeschüttet, ehe sie noch beschritten wurden, indem man jedem einzelnen Stellungnahmen abfordert, die ihn zementieren, indem man den Nachgebenden, und zwar dem besseren Argument Nachgebenden, schon zum Verlierer stilisiert: indem man also unter dem Titel der „Transparenz" vieles verschüttet.

SCHMÖLZ: In den Zeiten des Wiederaufbaues gab es den Spruch „Citius, altius, fortius". Das hat uns in eine schreckliche Situation gebracht. Warum muß alles mehr, schneller und kräftiger werden? Das hält doch kein Mensch und keine Gesellschaft durch. Ich habe mir nie eingebildet, schnell schreiben zu können. Schreiben ist eine Qual für mich, ich bin gewissermaßen der Antityp des Journalisten. In dem Punkt aber bin ich frei – die Journalisten stehen unter einem Zwang. Zur Lüge jedoch gehört die Freiheit. Ein Mensch, der nicht frei ist, kann nicht voll verantwortlich sein. Als Beschränkungen der Freiheit werden traditionell der Zwang, die Furcht usw. genannt. Unter Zwang sind natürlich die modernen Sachzwänge zu subsumieren und auch die Zeitzwänge. Das alles ist der Wahrheit sehr abträglich.

LINGENS: Wenn es hier wirklich nur darum ginge, über Lügen zu diskutieren, bei denen jemandem der Revolver an die Schläfe gehalten wird, dann wäre dieses Problem kein Symposion wert. Aber das völlig freiwillige, meistens noch dazu sinnlose Lügen ist das Problem. Ich glaube, die Detailfälle oder die Ränder der Lüge, mit denen Sie sich befassen, das ist spannend und theoretisch interessant. Aber in der Praxis können wir das getrost auf beiden Seiten streichen und sagen, das zählen wir nicht unter die Lügen, sondern wir wenden uns nur dem Mittelstrom der massiven Lügen zu. Das reicht völlig aus.

SCHMÖLZ: Für mich, der ich kein Journalist bin, wäre der Zeitpunkt 16.00 Uhr Redaktionsschluß für eine bestimmte Zeilenzahl ungefähr wie ein Revolver.

LINGENS: Ich glaube in der Tat, daß die meisten Fehlmeldungen durch Zeitzwänge zustande kommen – Erfolgszwang ist das geringere Problem. Wenn aber gesagt wird, Skandalberichterstattung bewirke Auflagensteigerung und damit wirtschaftlichen Erfolg, so ist das ein unsinniger Zusammenhang: Denn die Zeitung lebt von Inseraten und nicht von den Verkaufsauflagen. Da nun aber Personen, die in Skandale verwickelt sind, meist in mächtiger wirtschaftlicher Position sitzen, verliert die Zeitung, die via Skandalgeschichte ihren Verkauf steigern will, durch den Entzug der Inserate ein Vielfaches dessen, was sie durch erhöhte Auflage gewinnen kann. Das also sind nicht die wirklichen Gründe für ungenauen Journalismus. Den Zeitdruck hingegen halte ich für unsere große Versuchung und für unsere ständige Gefahr, der Unmoral zu unterliegen. Wenn man dasitzt und weiß, für dieses Heft ist das die Titelgeschichte, und da ist eigentlich noch ein kleiner Bereich nicht ausrecherchiert – es schaut zwar ganz so aus, es spricht unerhört viel dafür, aber ein „Eckerl" fehlt noch –, und eine andere Titelgeschichte ist nicht da: Da gibt's natürlich Fälle, in denen ich zumindest fahrlässig gedacht hab': Na, es ist fast sicher, es wird schon gutgehen! Und dieser Zeitdruck, unter den wir uns stellen, ist ein spezifisches Problem, und zwar ein wiederum österreichisches Phänomen. Wenn man sich nämlich die schweizerischen Zeitungen anschaut, so gestatten sich die größere Langsamkeit, und zwar aus kaufmännischen Überlegungen heraus, weil sie wissen, eine Zeitung, die langsamer, aber richtig berichtet, wird am Ende besser verkaufen und mehr Inserate bekommen als die Zeitung, die schneller falsch berichtet. Bei uns ist das anders, und das hängt wiederum mit der Einstellung der Bevölkerung zur Lüge zusammen: Zeitungen, die nachgewiesenermaßen ununterbrochen abenteuerlichen Unfug berichten, werden problemlos wieder gekauft und haben die größten Auflagen.

SCHULMEISTER: Eine „Neue Zürcher Zeitung" etwa läßt sich unter den heutigen gesellschaftlichen Bedingungen in Österreich nicht herstellen, schon durch Geschichte und Lebensphilosophie liegen die Dinge hier anders. Viele junge Leute verstehen nicht, was da mit ihren Eltern und Großeltern passiert sein muß, doch wer weiß schon im Westen, was für ein Schicksal das Vielvölkerreich an der Donau hatte und was davon dem „Rest" noch zuteil wurde? So ist die „Insel der Seligen" wie über Nacht zu einer Quarantänestation geworden, in der die braune Pest noch umgehen soll, zur gleichen Zeit, da das „Wien um 1900" als kreativer Ausgangspunkt der Moderne von Paris bis New York ausgestellt wurde. Seelische Brüche, Verdrängungen, um zu überleben, Scheu vor der Wahrheit, mit der der Mensch doch nicht fertig wird, Selbstmitleid und Lüge, all das ergibt gerade in der Mediengesellschaft ein Amalgam, das Affekten, Ressentiments, Fremden- und Selbsthaß Nährboden bietet. Vergangenheitsbewältigung, aber immer beim anderen, wird zur Kunst, die Geisterstunde der Zweiten Republik hat es wieder bewiesen. Und was der Tag an Affären, Verdächtigungen, vor sich hergeschobenen Untersuchungen, an Korruption und Vertuschung bringt, ist auch nicht dazu angetan, die Gedanken auf Höheres zu richten, Gewissen und Gewissenserforschung zu einer nationalen Disziplin zu machen.

GÖRG: Ich bin nicht ganz sicher, ob wir uns bis jetzt nicht auf einem Nebenkriegsschauplatz unseres Themas bewegt haben. Wir haben viel über Moral und über Lüge gesprochen. Wir haben aber eigentlich das zweite Bein unserer Diskussion, den Begriff „Macht", völlig außer acht gelassen. Und ich würde gerne versuchen, meinen Beitrag auf diesen Punkt zu konzentrieren.

„Moral" ist ein auch für den Mächtigen vielschichtiger Begriff. Da gibt es zunächst den Bereich der privaten Moral, die Art und Weise, wie jemand seine privaten Lebensumstände gestaltet. Da hat ein Mächtiger genauso das Recht, es nach seiner Façon zu machen, wie ein Ohnmächtiger. Ich nehme mir zwar persönlich das Recht heraus, Leute, die ich wähle, auch danach auszuwählen, wie sie ihre privaten Lebensumstände gestalten, kann aber einen Minister, der gerne Mädchen zwickt, nicht allein deswegen als unfähigen Minister abqualifizieren. Das ist der erste Bereich: Privatmoral.

Der zweite Moralbereich ist der der persönlichen Integrität bei der Amtsführung. Lebt jemand von der Politik oder für die Politik? Alle unsere Kritik in bezug auf die politische Kultur hat sich auf diese persönliche Integrität bei der Amtsführung beschränkt. Der wesentlichste Moralbereich bei Mächtigen ist aber der, wie Lebenschancen zugeteilt oder verhindert werden. Darüber haben wir überhaupt noch nicht diskutiert. Nach welchen moralischen Kriterien entscheiden bei uns Machtträger? Wie werden Posten vergeben und wie Wohnungen? Bei uns konzentriert sich die Diskussion über politische Moral zu sehr auf den Bereich der persönlichen Integrität, und manche Medien „stirln" mit Vorliebe im Bereich der privaten Moral. Aber gerade im Bereich öffentliche Moral gibt es mir zu wenig Diskussion.

LESER: Das Parteibuch sollte nicht unbedingt ein Hindernis sein für die Zuerkennung gewisser Vorteile, dürfte aber nicht die unbedingte Voraussetzung sein. Bestrebungen, den Prozeß der Zuteilung von Vorteilen, auf die man Anspruch hat, von der Qualifikation abhängig zu machen und von der Bedürftigkeit, müßte man jedenfalls fördern. Dem steht aber in Österreich zweifellos die Praxis entgegen. Ich halte es z. B. für eine ausgesprochene Fehlentwicklung, wenn in zunehmendem Maße Menschen eindringen in die Politik, die sich nicht durch berufliche Erfahrung in einem anderen Lebensbereich ausgewiesen haben, die also nichts einbringen. Der einzige Leistungsnachweis ist dann häufig die Durchsetzungsfähigkeit in einem Machtkampf. Das halte ich für eine Fehlentwicklung in der Demokratie, weil dadurch die Gefahr entsteht, daß das mehr und mehr eben zu einem Insider-Betrieb wird, zu einer geschlossenen Gesellschaft. Der Politik fehlt dann nicht nur die notwendige Transparenz, sondern auch die Zufuhr von Lebensenergien aus anderen Bereichen.

SCHMÖLZ: Dazu gibt es einen Gegenentwurf, den ich bitte, nicht als kabarettistischen Beitrag zu betrachten, sondern er stammt von Friedrich von Hayek, der im Wissenschaftszentrum in Bonn einmal seine Demokratievorstellung folgendermaßen entwickelt hat: In die Politik darf man erst mit dem 40. Lebensjahr und muß sie mit dem 50. wieder verlassen. Das hat auch eine aristotelische Begründung, weil man ja mit 40 erst Spudeios wird. Die wichtige Begründung aber ist: Man mußte bis zum 40. Lebensjahr den Beweis erbracht haben, daß man in einer Sparte so weit nach vorne gekommen ist, daß man die Qualifikation erworben hat, die ein Repräsentant des Volkes braucht. Bis zum 40. Lebensjahr hat man Geld verdient. Man sollte als Politiker, wenn es schon nicht möglich ist, Politik im Nebenberuf zu machen, ungefähr dasselbe verdienen, wie man bis dahin verdient hat, damit man korruptionsunanfällig bleibt.

MÜCK: Es ist mehrfach der Begriff „transparent" gefallen. Jeder Mensch in einer aufgeklärten Gesellschaft möchte möglichst bald informiert werden über das, was im Lande, im Staate vorgeht, um eben seine Entscheidung treffen zu können.

Aber dieses Streben nach Transparenz hat bei den Medien so etwas wie eine Informationsexplosion bewirkt. Heute müssen wir, die wir in diesen Medien arbeiten, sehr wohl erkennen, daß wir oft mit unserem Streben nach totaler Transparenz vieles kaputt machen, weil es nicht wachsen kann und schon dem öffentlichen Streit ausgeliefert wird, bevor überhaupt Konturen sichtbar werden.

SCHULMEISTER: Wie aber komme ich zu mehr Transparenz, zu einer aufgeklärten Demokratie? Am ehesten dadurch, daß ich das Wählervolk dazu bringe, sich mehr und unmittelbar in seine eigenen Angelegenheiten einzumischen, statt sie einfach den Funktionären zu überlassen, daß ich den angeborenen Realismus der Leute aktiviere und durch Persönlichkeitswahlrecht und ähnliche Reformen die Macht der Apparate einschränke und den Mandatar wieder mehr an seine Wähler binde. Der Interessenkonflikt gehört zum Treibsatz öffentlichen Lebens. Dennoch muß er eingegrenzt sein durch den Wertekonsens und das, was „bonum commune" heißt, Gemeinwohl also. Das sei ein Schlagwort, mit dem immer nur der Vorteil einer Gruppe gemeint sei, behauptet dazu die ideologiekritische Stimme, doch solcher Generalverdacht heißt, am menschlichen Verstand und Erkenntnisvermögen überhaupt zu verzweifeln. Dieses Gemeinwohl freilich transparent, überzeugend zu machen, das ist in der pluralistischen Inflation eine schwere, nie ganz zu leistende Überzeugungsarbeit, der auch nur selten ein allgemein sichtbarer Notstand etwas nachhilft.

Darin sehe ich die eigentliche Schwierigkeit, daß das Allgemeinbewußtsein, jedenfalls das Bewußtsein all derer, die für andere mitdenken sollten, viel zu sehr am Interesse der Machtbehauptung orientiert ist als an dem, was wir in diesem Land besser und daher auch schon in der Vorgeschichte dazu transparent machen müssen.

SCHMÖLZ: Ich sehe im wesentlichen zwei Schwierigkeiten auf dem Wege zu mehr Transparenz. Die eine ist das Bildungsgefälle, die mangelnde Einsichtsfähigkeit. Es ist doch zweifellos so, daß der sogenannte Normalbürger in vielen Fällen einfach nicht über den nötigen Sachverstand verfügt und z. B. von der Steuergesetzgebung und deren Reform schlichtweg nichts versteht.

Die zweite Schwierigkeit: Es ist eine Illusion zu glauben, daß alle an der Demokratie aktiv mitmachen wollen. An der Universität gab es etwa vor 15 Jahren eine regelrechte Demokratie-Euphorie. Aber wenn man heute von 400 Anwesenden und über 800 Immatrikulierten zwei für eine Berufungskommission braucht, so hat man Mühe, die zu finden.

GÖRG: Transparenz steht in Konflikt mit einem anderen Ziel, nämlich der Effizienz von Entscheidungen. Wir müssen ganz klar sehen – und das gilt im wirtschaftlichen Bereich genauso wie im politischen Bereich –, daß ein Entscheidungsprozeß umso mühsamer wird, je transparenter man ihn zu gestalten sucht, weil viel zuviele von den jeweiligen Interessen versuchen, Einfluß zu nehmen. Aus meiner Sicht ist es müßig, wirklich zu glauben, daß unsere politische Kultur dadurch saniert wird, daß politische Entscheidungen bei uns im Vorfeld transparenter gemacht werden. Es scheint mir undenkbar, daß z. B. ein Nationalbankpräsident drei Tage vor einer Abwertung diese ankündigen würde. Aber achtzig Prozent der Leute würden hinterher schreien, der Mann habe keine Moral und sei ein Lügner, weil er drei Tage zuvor die entsprechende Frage verneint hat.

LINGENS: Das ist überhaupt nicht wahr. Wir konstruieren hier ständig Probleme, die keine sind. Jeder weiß, daß der Nationalbankpräsident so handelt. Keine Zeitung in der ganzen Geschichte seit 1945 hat dem Nationalbankpräsidenten vorgeworfen, daß er lügt. Das ist doch ein Kunstproblem!

GÖRG: Das ist insofern kein Kunstproblem, als es zwar nicht in Österreich geschah, aber in Deutschland. Aus genau diesem Grund ist der damalige Kanzler Helmut Schmidt massivst angegriffen worden – weil er drei Tage vor einer Aufwertung gesagt hat, es findet keine D-Mark-Aufwertung statt.

MÜCK: Ich erinnere mich an eine Diskussion mit der E-Wirtschaft im Zusammenhang mit der Atomenergie. Man hat uns Journalisten damals vorgeworfen, daß wir durch Berichterstattung über Details Entscheidungen behindern, die absolut wichtig, dringend und angeblich auch objektiv notwendig seien. Ich glaube aber nicht, daß das in allen Fällen zutreffend ist, daß man sich sozusagen zurückziehen sollte nur unter dem Vorwand, das könnte Entscheidungen behindern, beeinflussen.

LINGENS: Theoretiker wie Norbert Wiener z. B. behaupten das Gegenteil. Die sagen, daß ganz umgekehrt bei allen wirtschaftlichen Vorgängen die Verringerung der Transparenz zu einer geringeren Effizienz führt. Das ist also ein spannendes Thema. Ich glaube aber, daß das Mißverständnis darin besteht, daß man zwischen Transparenz und falscher Berichterstattung nicht unterscheidet. Wenn Transparenz heißt, „so weit wie irgend möglich richtig“, und wenn ein Vorgang auch in seinem Planungsstadium mit allen Einwänden und aller Relativität beschrieben würde, dann gäbe es kein Problem. Das Problem entsteht daraus, daß Vorgänge falsch, nämlich schon als viel zu weit fortgeschritten dargestellt werden, und zwar ohne die verschiedenen Einwände wiederzugeben. Das ist ein Problem der Berichterstattung. Ich möchte auf das Steuerbeispiel zurückkommen, weil es mir so charakteristisch erscheint: In Wahrheit ist das ein Problem der Medien. Vranitzky hat, in meinen Augen vernünftig, gesagt, über die Steuerreform muß man nachdenken, und das ist kompliziert. Mock hat gesagt, wir senken um zwanzig Prozent. Und jeder Mensch weiß, daß das nicht möglich ist. Hinterher ist dann eine gewisse Berichtigung von Mock gekommen, daß man durchforsten müßte. Wenn nun die Presse in diesem Land funktionierte, dann würde sie sagen: Empörend, was Mock gesagt hat, korrekt, was Vranitzky gesagt hat. Sie funktioniert aber nicht, weil sie eine – und das muß man auch einmal aussprechen – in Wahlzeiten massiv der ÖVP zuneigende Presse ist und daher in so einem Fall sagt „Alle beide lügen“, statt zu sagen „der eine sagt die Unwahrheit und der andere die Wahrheit“. Das sagt jetzt noch nichts darüber aus, ob ansonsten Mock vielleicht der bessere Kanzlerkandidat wäre. Aber in dieser konkreten Sache hat die Presse die Aufgabe zu sagen: „Der sagt die Unwahrheit, jener sagt die Wahrheit.“ Und das funktioniert bei uns nicht. Wenn wir alle die Dinge, die da kompliziert und komplex sind, wirklich korrekt darstellten, dann würde sich das Problem nicht ergeben. Wichtig schiene mir dabei auch die Bereitschaft, zu sagen: „Ich weiß es nicht.“ Wir müßten das bei Politikern in Kauf nehmen, ja sie dafür belobigen statt sie anzugreifen. Auch ein ordentlicher Journalist müßte das von Zeit zu Zeit eingestehen. Und dieses „Ich weiß es nicht“ müßte ein Qualitätsbeweis für den Betreffenden sein und nicht etwas, was ihn abwertet.

Das Desinteresse der österreichischen Presse an der Lüge – speziell in Wahlkampfzeiten – läßt sich sehr gut an einem anderen Beispiel belegen: die Auseinandersetzungen um Waldheim im Präsidentschaftswahlkampf.

Das Phänomen, daß hier einer die Unwahrheit gesagt hat, ist in den österreichischen Zeitungen gar nicht aufgegriffen worden. Die haben lange den Vorwurf des Kriegsverbrechens diskutiert, während in jeder ordentlichen Zeitung der Welt, mit Ausnahme der „New York Times", man ganz klar lesen konnte: „Waldheim ist kein Kriegsverbrecher, und er ist wahrscheinlich kein Nationalsozialist." Aber all die Zeitungen, die hier sonst bei den Bürgerlichen unerhört angesehen sind wie die „Neue Zürcher Zeitung", wie die „Frankfurter Allgemeine Zeitung" haben auch ganz klar gesagt: Der Mann hat ein – vorsichtig formuliert – schlampiges Verhältnis zur Wahrheit. Und das hat man in Österreich nicht einmal erfahren. Und sofern man es erfahren hat, hat es zu einem überwältigenden Sieg Waldheims geführt. Ich will jetzt gar nicht diese Lüge als solche so empörend darstellen. Ich verstehe sie, ich halte das nicht für etwas Furchtbares, denn es ist mir nicht so unverständlich. Aber es wurde ein Problem der Welt gegenüber: Ausländische Journalisten haben immer wieder gesagt: Wir finden es auch nicht so furchtbar – aber daß Ihr den Mann dann als Symbolfigur, als moralisches Symbol wählt, das verstehen wir nicht. „Poor standards You have . . .", das ist eine der typischen Aussagen gewesen. Und eben das hängt mit unserem ganz speziellen, nicht entwickelten Verständnis für das Problem der Unwahrheit zusammen.

Und nun zur Wichtigkeit der Journalisten in diesem Zusammenhang: Alles, was Politiker oder Journalisten in einer Gesellschaft tun, ist: eine Theorie aufzustellen. Zum Beispiel die Theorie, privater Wohnbau ist billiger als gemeinnütziger Wohnbau, weil er weniger Skandale provoziert und mehr Privatinitiative wirksam wird. Das ist eine Theorie. Nun ist das Wesentliche zu prüfen: Ist die Theorie richtig? Die Institution aber, die die Information dazu liefert, damit man überhaupt prüfen kann, ist die Zeitung. Das heißt, alles, was sich gesellschaftlich ereignet und richtig oder falsch sein kann, bedarf der Übermittlung durch die Zeitung, damit daraufhin jedermann sein Urteil fällen kann. Deswegen ist Information so unendlich wichtig, und deswegen sind die Redlichkeit und die Genauigkeit der Information so wichtig. Denn ohne bessere und präzisere Zeitungen ist es nicht möglich, gesellschaftliche Vorgänge zu beurteilen.

MÜCK: Aufklärung, Aufdeckung, Transparenz, Information, alles das hat sein Gutes. Und doch muß man sich letztlich fragen: Was hat es bewirkt? Hat es tatsächlich Besserungen gebracht? Oder muß man nicht sagen: Es hat eine dicke Haut bei vielen wachsen lassen?

LINGENS: Die Frage ist schwer zu beurteilen, weil man ja sagen könnte: Wenn das nicht so gewesen wäre, wäre alles noch viel schlimmer gekommen. Daher muß man es immer probieren. Ich würde aber nicht so pessimistisch sein, denn ich glaube, daß im Bereich der Korruption das Wissen, daß da relativ viel aufgeflogen ist in letzter Zeit, doch eine gewisse

Zurückhaltung bewirkt hat. Und es ist auch teurer geworden: Diejenigen, die dann immer noch Bestechungsgelder nehmen, lassen sich's wegen der höheren Gefahr erhöht honorieren. Aber im großen und ganzen würde ich einen leisen Fortschritt sehen.

SCHULMEISTER: Ich halte das für die Konfession eines Idealisten, wie sie dem Alter von Herrn Lingens zukommt und auch dem Bedarf an Missionsgefühl beim „profil". Im Wiener Journalismus hatten wir in der späten Monarchie wie noch in der Ersten Republik eine Reihe von anspruchsvollen Zeitungen, auch wenn sie natürlich so abhängig von ideologischen Tendenzen, wirtschaftlichen Gruppen waren, wie man das ja eben auch von der „New York Times" festgestellt hat. Geändert hat aber dieses qualifizierte Zeitungsangebot nichts an der Geschichte der Jahre 1927, 1933/34 oder 1938, so wenig wie ein Viktor Adler, Karl Kraus oder Karl Renner am Niedergang der Monarchie. Was für ein Schluß drängt sich bei solchem Rückblick dann auch für die heutige Rolle der Medien auf, gar des „investigativen Journalismus" im Dienst der Besserung aktueller Zustände? Gilt da nicht auch das Sprichwort, an den eigenen Haaren habe sich noch keiner aus dem Sumpf ziehen können?

Die Hoffnung, das Mittel eines qualifizierten Informationsangebotes, das auch die internationale Verflechtung entsprechend bewußt macht, könne da abhelfen, deutet mir im Grunde darauf hin, daß Herr Lingens eine elitäre Auffassung von Demokratie hat. Doch nichts von den Idealen seit 1789 hat sich als realisierbar erwiesen, auch nicht jenes, daß mit etwas mehr Wohlstand, mehr Wissen und Bildung ein breiteres Volk an Aufgeklärten, Urteilsfähigen, Beteiligten entstehe. Natürlich gibt es genügend Leute, die Auslandsblätter, Fachzeitschriften lesen, die selbst die Welt kennen. Aber wieviele von ihnen blicken über den Tellerrand ihres eigenen Interesses, fühlen sich politisch, sozial für das Ganze mitverantwortlich, engagieren sich, ohne erst lange zu fragen, was ihnen das selbst bringt? Daß kritische Medien eine das öffentliche Leben durchwirkende und in die Zukunft hineinwirkende Größe sein könnten, scheint mir allzu optimistisch gesehen. Ihre Rolle ist heute selbst Indikator für Konsumismus auf dem Feld der Information und Meinungsbildung – nicht mehr. Gewiß, zu hoffen bleibt, daß wir wieder darüber hinauskommen, daß sich die Demokratie als freiheitlich-rechtsstaatliche Lebensform in einer neuen Elitenbildung selbst erneuert.

GÖRG: Die Bemerkung, daß Herr Lingens ein Idealist sei und ihm das aufgrund seiner Jugend zustehe, war keine ganz faire Bemerkung. Adenauer hat einmal gesagt: „Wessen Herz mit zwanzig nicht links schlägt, hat kein Herz, und wessen Herz mit vierzig nicht rechts schlägt, hat keinen Verstand." Herr Lingens hat nämlich einen Punkt herausgegriffen, der es mir wert scheint, diskutiert zu werden. Er hat die Frage gestellt: Haben wir es eigentlich mit einer Krise der Gewählten zu tun, der Politiker, oder haben wir es mit einer Krise des Wahlvolkes, der Wähler, zu tun? Mit anderen Worten, haben wir nicht die Politiker, die wir eben verdienen? Wir tun ja alle so, als verdienten wir viel bessere. Ich stelle daher die Frage, ob wir nicht mit dieser Forderung, Politiker müßten heldenhafter, altruistischer sein, eigentlich unsere eigene Verantwortung abschieben. In Wirklichkeit müßten wir doch selbst anfangen, altruistischer, nobler, aufrichtiger zu sein, der Wahrheit mehr zu dienen. Ich bezweifle, ob wir als Wahlvolk wirklich diesen Ansprüchen gerecht werden.

MÜCK: Nachdem zuvor sehr viel die Rede war vom Journalismus, möchte ich zum Schluß noch einmal kurz die Wissenschaft ansprechen im Hinblick auf deren Umgang mit Macht und Moral. Welche Entscheidungskriterien im Sinne der Transparenz liefert uns denn die Wissenschaft? Robert Jungk hat einmal in aller Öffentlichkeit die Käuflichkeit der Wissenschaft beklagt. Man könne sich jedes Argument, jede fromme Lüge kaufen, durch Expertisen belegen und bestätigen lassen, womit man auch das bewirkt, worüber wir dann letztlich klagen: Desinformation, Fehlinformation, Lüge. Wie ist das mit der Wissenschaft, wie beurteilen Sie dieses doch sehr kritische Wort des Kollegen Jungk?

LESER: Diesen Vorwurf muß man in dieser Form zurückweisen. Es gibt natürlich Wissenschafter, die Gefälligkeitsgutachten erstellen, aber manchmal auch ihre Überzeugung artikulieren. Und wenn sie dafür auch noch Geld nehmen, ist ja dagegen nichts einzuwenden. Schlimm wäre es, wenn jemand gegen seine Überzeugung schreibt, lediglich um materieller Vorteile willen. Es gibt aber in der Wissenschaft auch genügend Beispiele von Menschen, die selbst unter extremen Bedingungen, etwa einer Diktatur, ihrer Wahrheitspflicht genügt haben. In seiner Verallgemeinerung, glaube ich, muß man daher den Vorwurf zurückweisen.

Idealtypisch sollte es so sein, daß der Wissenschafter der Wahrheit verpflichtet ist und keine Kompromisse eingehen darf. In Wahrheitsfragen gibt's keine Kompromisse, während der Politiker sehr wohl Kompromisse schließen darf, ja muß. Darum ist auch sein Verhältnis zur Wahrheit ein etwas gebrocheneres, weil er eben alles im Lichte der zu erzielenden Kompromisse sieht und daher auch bereit ist, sich Wahrheiten nach seinem Gutdünken zurechtzubiegen.

Die Referenten

Ballestrem, Karl Graf, Univ.-Prof. Dr. (Eichstätt): Geb. 1939; Lehrtätigkeit in den USA und in München, seit 1984 Ordinarius für Politikwissenschaft an der Universität Eichstätt. Einschlägige Publikationen, u. a. „Die schottische Aufklärung", „Moralphilosophie und Gesellschaftstheorie bei David Hume und Adam Smith".

Harpprecht, Klaus (Croix Valmer): Geb. 1927; Zeitungs und Rundfunkjournalist, Chef des S. Fischer-Verlages, verantwortlicher Redakteur des „Monat", Berater von Bundeskanzler Willy Brandt, Chefredakteur von „Geo", seit 1982 freier Schriftsteller, u. a. „Der Aufstand" (1954), „Willy Brandt" (1970), „Amerika – Eroberung eines Kontinents" (1986).

Kirchschläger, Rudolf, Dr. (Wien): Geb. 1915; Staatsanwalt, Richter, Diplomat, Außenminister, 1974 bis 1986 Bundespräsident der Republik Österreich. Einschlägige Publikationen, u. a. „Der Friede beginnt im eigenen Haus – Gedanken über Österreich" (1980).

Leser, Norbert, Univ.-Prof. Dr. (Wien): Geb. 1933; Ordinarius für Sozialphilosophie an der Universität Wien und Leiter des L.-Boltzmann-Institutes für Neuere Österreichische Zeitgeschichte. Einschlägige Publikationen, u. a. „Sozialismus zwischen Relativismus und Dogmatismus" (1974), „Jenseits von Marx und Freud" (1981), „Genius Austriacus" (1986).

Schulmeister, Otto, Dr. (Wien): Geb. 1916; 1961 bis 1976 Chefredakteur der „Presse"; daneben 1946 bis 1973 Chefredakteur der Kulturzeitschrift „Wort und Wahrheit"; seit 1976 Herausgeber der „Presse". Einschlägige Publikationen, u. a. „Die Zukunft Österreichs" (1967), „Der zweite Anschluß/Österreichs Verwandlung seit 1945" (1979).

Die Gesprächspartner in den Podiumsdiskussionen

Gasteiger, Arno, Dr., Landesrat, Salzburg
Görg, Bernhard, DDr., Geschäftsführender Gesellschafter der Managementberatungsfirma H. Neumann International, Wien
Hermann, Viktor, Dr., Leitender Redakteur bei den „Salzburger Nachrichten", Salzburg
Lingens, Peter Michael, Herausgeber und Chefredakteur des Nachrichtenmagazins „Profil", Wien
Sauberer, Willibald, Chefredakteur der „Salzburger Volkszeitung", Salzburg
Schmölz, Franz-Martin, Univ.-Prof. Dr., Ordinarius für Philosophische Gesellschaftslehre und Politische Theorie an der Universität Salzburg, Salzburg
Wehowsky, Stephan, Dr., Redakteur der „Süddeutschen Zeitung", München

Die Diskussionsleiter

Mück, Werner, Chefredakteur des Aktuellen Dienstes, ORF-Landesstudio Salzburg
Schatz, Oskar, Prof. Dr., Leiter der Abteilung Kultur und Wissenschaft, ORF-Landesstudio Salzburg (bis 1984)
Spatzenegger, Hans, Dr., Leiter der Abteilung Kultur und Wissenschaft, ORF-Landesstudio Salzburg (seit 1985)